26 Notruf-SOS
LÖWEN
PAULANER Festzelt
Augustiner-Bräu München
fröhliche
Fröhliche Eiszeit

Jost Niemeier

Münchner OKTOBERFEST

Mit 15 Rezepten,
Fotos von
Hans Joachim Döbbelin,
Maximilian Handschuh und
Gregor Maria Schmid

SIGLOCH EDITION

ANDENKEN · SÜSSWAREN

Inhalt

„Speisen wie auf der Wiesn" – das ist ein Motto, das mundet.

Als Festleiterin des Münchner Oktoberfestes konstatiere ich erfreut, daß man die Wiesnschmankerl jetzt auch in Buchform mit nach Hause tragen kann. Die zahlreichen Besucher des größten Volksfestes der Welt werden dieses Souvenir sicher gerne an den heimischen Herd mitnehmen, wo immer in der weiten oder nahen Welt dieser stehen mag. Die traditionellen Wiesnschmankerl wie Hendl, Schweinswürstl und Steckerlfisch sind ja global hinreichend bekannt. Die Besonderheit an diesem Buch sind die Spezialrezepte der Wiesnbarone, die sie hier preisgeben. Jedes Festzelt hat seine besonderen Speisen, auf die sich die Stammgäste das Jahr über freuen. Diese kulinarische Vielfalt in einer gelungenen Mischung aus Tradition und Moderne gehört zum einmaligen Flair dieses Festes genauso wie das berühmte Münchner Bier.

„Ein Prosit und an Guad'n" und noch viele zünftige Oktoberfeste!

G. Weishäupl

Dr. Gabriele Weishäupl
Festleitung

Das größte Volksfest der Welt und wahrscheinlich das beliebteste. Nirgendwo schmeckt das Bier besser, sagen die Freunde der Wiesn, nirgends sind die Hendl knuspriger, und nichts geht über einen Wiesnbummel unterm weißblauen Himmel.

München und die Wiesn

Im September, sagen die Kenner, ist München am schönsten. Der Himmel ist dann noch weißblauer als sonst, die Sonne vergoldet die Stadt, und es herrscht diese gewisse schlendernde Lebensfreude, die für München so typisch ist.

Man hat Zeit, so ist das in München, und wenn man keine hat, läßt man es sich zumindest nicht anmerken. Diese Münchner Gemütlichkeit ist ein ganz eigener und unvergleichbarer Zustand, weder dumpfsinnig noch laut, sondern gelassen und gleichsam in sich ruhend – und stets ein bißchen hintersinnig. Das ist so seit Karl Valentin, dem ewigen Wahrzeichen des speziellen Münchner Humors. („Ja, wenn Sie noch nicht in Australien waren, dann müßten Sie doch meinen Bruder kennen. Der war auch nicht da.") – Bis hin zu Sigi Sommer, der als Münchner Spaziergänger Ruhm erlangte und als Erfinder typischer münchnerischer, liebenswürdiger Bösartigkeiten wie der Bezeichnung „Sechs-Tage-Nerz" für den Lodenmantel. Eine gewisse schmunzelnde Boshaftigkeit ist den Münchnern eigen; immer noch geht das Gerücht um, das liebste Hobby der Einheimischen sei es, Fremde auf die Frage nach dem Hofbräuhaus möglichst trickreich in die Irre zu schicken. Das alles muß man aber nicht so ernst nehmen, der echte Münchner ist ein durchaus friedfertiger Philosoph, der sich zurücklehnt und sagt: „Nirgends geht es so zu wie auf der Welt." So mischen sich am Chinesischen Turm mitten im endlos grünen Englischen Garten die schicken und die echten Münchner reibungslos bei Bier und Brotzeit, Ellbogen an Ellbogen, Handy neben Lederhose. Überhaupt sitzt man überall in München draußen – auf der luxuriösen Flaniermeile, der Maximilianstraße, wo die teuersten Absätze auf dem Pflaster klappern und man tagsüber die Leute auf der Straße trifft, die abends auf der Bühne stehen. Geradezu italienisch ist die Stimmung ein paar Ecken weiter im stillen, eleganten Hofgarten. Das 11-Uhr-Glockenspiel mit dem Tanz der Schäffler hoch oben am Rathausturm auf dem Marienplatz ist nach wie vor eine gut besuchte Attraktion. Tapfere steigen zur Laternenkuppel des „Alten Peter" hinauf, wo nach unbestätigten Gerüchten vor allem in der klaren Septemberluft die bayerischen Engel verkehren. Ein paar Schritte weiter macht der Viktualienmarkt mit überquellendem Angebot an Bayerischem und Exotischem seinem Ruf als Deutschlands größter Freilufttempel für Genießer alle Ehre. Am „Stachus", der auf nichtbayerisch Karlsplatz heißt, verschwindet der Verkehrslärm hinter den glitzernden Wasserfontänen, sogar Palmen wachsen dort, und alle Plätze rund um den Brunnen sind besetzt. Schwabing hinter dem Siegestor ist zwar nicht mehr das malerische Künstlerviertel von einst,

Links: Münchens grünes Herz: Der Englische Garten gehört zu den schönsten und größten Anlagen Europas. Er zieht sich kilometerweit an der Isar hin und bietet, ganz im Sinne der „Libertas Bavariae", für jede Freizeitneigung Platz: für Radlfahrer, Jogger, Zamperlbesitzer, Sonnenanbeter...

aber entlang der Allee aus Straßencafés, der Leopoldstraße, findet man immer noch genug fürs Auge. Traditionsbewußte allerdings verschmähen selbst die strahlendste Septembersonne und tauchen am „Platzl" hinter der Maximilianstraße in die Kühle des weltberühmten Hofbräuhauses ein, wo man Hopfen und Malz schon seit 1589 pflegt. Aus der luftigen Höhe von 290 Metern, vom Olympiaturm aus, sieht man auf die glitzernde ex-olympische Landschaft, über ganz München und darüber hinaus. Die „welschen Hauben" der Frauentürme leuchten, die erzene Bavaria über der Theresienhöhe winkt, und eines Samstags ist es dann soweit: die Wiesn beginnt.

Auf der Wiesn ist alles anders

Das größte Volksfest der Welt heißt zwar Oktoberfest, beginnt aber immer im September, schon einmal wegen des Wetters.

Der Name Oktoberfest ist aber geschichtlich bedingt, denn angefangen hat alles am 12. Oktober 1810 mit einem großen Pferderennen anläßlich der Hochzeit des bayerischen Kronprinzen Ludwig mit Prinzessin Therese von Sachsen-Hildburghausen. Nach ihr wurde dann auch gleich die Rennwiese draußen am Fuße des Sendlinger Berges benannt: Theresienwiese heißt sie seither. Wie es sich gehörte, war das Volk vaterländisch begeistert, sowohl über die hoffnungsvolle Liaison als auch über das ausgeschenkte Märzenbier, das 3 Kreuzer und 3 Pfennige kostete. Das Königshaus seinerseits war höchst angetan von der jubelnden Menge, und so wurde das Roßrennen schon 1811 wiederholt. Gleichzeitig fand auf der Theresienwiese das erste Landwirtschaftsfest statt, ebenfalls vom Hause Wittelsbach gesponsert, um „das Vaterland zu erfreuen". Panem et circenses – Brot und Spiele –, so hält man sich die Untertanen gewogen: Das Volksfest auf der Theresienwiese war geboren. Das Volk vereinnahmte das ehemals fürstliche Amüsement schnell für sich, aus der Theresienwiese wurde im allgemeinen Sprachgebrauch „die Wiesn", und es gehört jetzt schon seit 186 Jahren zum guten Ton, dabei zu sein. Wobei viele Münchner allerdings eine schon traditionell gewordene Koketterie pflegen und im Brustton der Überzeugung behaupten, daß gerade sie ohnehin und sowieso nicht auf die Wiesn gehen – und wen trifft man dann doch dort? Denn dieser Stimmung, vor allem an einem sonnigen Nachmittag im September, entkommt keiner, da zieht's einen einfach hin. Einmal auf der Wiesn angekommen, werden aus ernsthaften Intellektuellen praktische Genießer, aus überzeugten Weinliebhabern begeisterte Biertrinker und aus jenen, denen ein Stück Schweinshaxe immer schon zu fett war, schwärmende Schlemmer. Auf der Wiesn ist eben alles anders.

Berühmter Tempel der Münchner Toleranz: Der Monopteros im Englischen Garten, von Ludwig I. auf einem künstlichen Hügel erbaut, verströmte in den wilden Siebzigern einen Hauch von Woodstock, die Hippies hielten ihn Tag und Nacht besetzt.

Der Münchner Karlsplatz ist in München nur als „der Stachus" bekannt. Er liegt am Ende der breiten Shopping-Meile im Zentrum der Stadt. Dort tobt der Verkehr, die Straßenbahn- und U-Bahnlinien kreuzen sich, und rund um den großen Springbrunnen nimmt man die Kurzbräunung in der Mittagspause.

Dabei hat die Wiesn durchaus ihre festgefügten Rituale und Vorschriften, und vielleicht sind es gerade die, die das Oktoberfest so einmalig machen. Die Wirte, die Stadt, die Brauereien, die Fahrgeschäftsbesitzer und die Chronisten achten streng darauf, daß alles so bleibt, wie es war, mit ganz kleinen Ausnahmen natürlich. „Was kostet heuer die Maß?" – Das ist jedes Jahr wieder Thema im Vorfeld der Wiesn, lange noch bevor das erste Zelt steht. Und alle Jahre wieder erhitzen sich daran mit Hilfe der Boulevardpresse die Gemüter, bis sie nur noch mit einer Maß zu kühlen sind. Ist der Bierpreis erst einmal von neuem festgelegt, dann schlucken's die Besucher schon. Wichtig beim Preis für die Maß ist bloß, daß er trinkgeldfreundlich bleibt, also nie bei runden Markbeträgen ankommt.

Für die Zuschauer beginnt die Wiesn mit dem prächtigen Einzug der Wiesn-Wirte am Samstag vormittag, sechsspännig fährt man mit glänzend gestriegelten schweren Rössern vor, und hinterher ziehen die Blaskapellen ein. Angeführt wird der Zug vom „Münchner Kindl", hoch zu Roß in der traditionellen Mönchskutte. Das ist eine tragende Rolle im wahrsten Sinne des Wortes: Die junge Dame wird nicht nur nach Herkunft und Aussehen gekürt, sondern muß vor allem auch Muskeln haben. Grüßt das Münchner Kindl auf seinem Weg doch traditionsgemäß die Schaulustigen mit einer echten Maß. Und die hat ein ordentliches Gewicht, was bei dem zwei Stunden dauernden Umzug durch die Stadt schon an den Kräften zehren kann, selbst wenn der Krug in Wirklichkeit leer sein sollte, wie

Die weltberühmten Münchner Ansichten: das Hofbräuhaus am sogenannten „Platzl" in der Münchner Altstadt. Dann der Chinesische Turm mitten im Englischen Garten, ein Biergarten mit wahrhaft internationaler Besetzung. Und einmal muß man mit dem Lift auf den Olympiaturm geschwebt sein, um das Münchner Panorama samt Alpenkette zu sehen – falls der berühmte Föhn den Himmel glasklar gefegt hat.

notorische Skeptiker behaupten. Jedenfalls gibt es nicht das kleinste Bier und nicht das winzigste Würstel, bevor es nicht hochoffiziell aus dem Munde des Münchner Oberbürgermeisters um Schlag zwölf heißt: „O'zapft is!" und der bayerische Ministerpräsident sich mit dem ersten Schluck aus der ersten Maß von der Qualität des diesjährigen Wiesn-Bieres überzeugt hat. Ein Tusch von der Kapelle, die Böller knallen von der Theresienhöhe herunter, und erst dann fließt das Bier für alle, drehen sich die Hendl an den Spießen, jauchzen die Fahrgeschäftsbesucher in den Himmel hinauf, und sechzehn Tage lang regiert das ungetrübte Vergnügen, das man hierzulande „Gaudi" nennt. Seit 1872 wird zwar jedes Jahr ein spezielles Wiesn-Bier eingebraut – früher war das ein bernsteinfarbenes Märzen, heut ist's im allgemeinen ein schwächer gehopftes Helles mit etwas höherer Stammwürze –, aber rein bierselig ist das Oktoberfest-Vergnügen deshalb noch lange nicht. Es gibt Weinzelte, im Hippodrom kann man Champagner ordern und selbst gestandene Wiesn-Besucher müssen sich nicht schämen, wenn sie vor einem Haferl Kaffee gesehen werden. Essen und Trinken gehört zwar nach bayerischer Weltanschauung zu diesem wie zu jedem Vergnügen, was man aber ißt und trinkt – dafür gibt es keine Gesetze, und jeder darf nach seiner Fasson selig werden. Die Stimmung der Wiesn ist es, an der man sich auch ohne Promille berauschen kann – die Vielfalt der Gesichter, das Durcheinanderklingen der Musik, der Duft nach gebrannten Mandeln, Steckerlfisch und allen anderen guten Sachen, das „men-

Die barocke Lebensart der Münchner spiegelt sich in vielen reich ausgestatteten Kirchen wider, man pflegt sie im Essen und beim guten Bier. Und über allem hält das Wahrzeichen der Stadt, das „Münchner Kindl", segnend seinen Maßkrug.

schelnde" Gedränge an den Biertischen, der weißblaue Himmel nachmittags und das bunte Lichtermeer nachts. Nicht zu vergessen die schönen Trachten, die ansehnlichen Bärte und die prächtigen Dirndl-Dekolletés, von denen es immer noch genug gibt.

Ein weiterer Höhepunkt des ersten Wiesn-Wochenendes ist der Trachtenumzug am Sonntag, der mit Trachtengruppen, Kapellen und Schützen aus allen bayerischen Regionen und Vertretern aus der angrenzenden Nachbarschaft quer durch München führt. Seit 1895 findet dieser Festzug statt, und damals schon war die Armbrustschützengilde in prächtigen mittelalterlichen Gewändern dabei. Auf 1406, damals als eine Art Bürgerwehr eingerichtet, führen die Armbrustschützen ihren Ursprung zurück. Auch heute ist das Schießen auf der Wiesn noch eine ernste Sache, geht es doch um die talerschwere Schützenkette und um den Thron von Schützenkönig und Schützenkönigin. Das Oktoberfestschießen, ob mit Armbrust oder Büchse, findet daher unter Ausschluß des Publikums statt. Aber die stolzen Vertreter der zahllosen bayerischen Schützenvereine im Glanz ihrer Trophäen kann beim Festzug jedermann bewundern. Mehr als 7000 Teilnehmer sind es, ein phantastisches Spektakel – und der größte Festzug seiner Art in Deutschland – Ehrensache! Die Plätze auf den Tribünen und direkt am Straßenrand sind dann schon frühmorgens besetzt, und wer entlang der Route des Trachtenumzugs ein eigenes Fenster mit Aussicht besitzt, hat mit einem Mal doppelt so viele Freunde wie sonst.

Den Oktoberfestumzug muß man einfach gesehen haben! Wer dann keine Lust bekommt, auf die Theresienwiese hinauszufahren, dem ist weiß Gott nicht zu helfen.

Spielzeugmuseum
ZONE

Der Wiesn-Umzug am 1. Oktoberfest-Sonntag ist selbstverständlich der größte Trachtenumzug im Lande. Aus ganz Bayern und aus den Nachbarländern kommen die Trachtengruppen, die Trommler, die Blaskapellen, die Schützen – und bieten ein prachtvolles Bild für die Zuschauer, die tapfer schon seit dem Morgengrauen ihren Platz am Straßenrand besetzt halten. Reich geschmückte und glänzend gekämmte Brauereirösser ziehen die Wagen mit den Bierfässern, die der Stolz der Münchner Brauereien sind und mit viel Liebe und Aufwand gepflegt und hergerichtet werden. Beim Wiesn-Umzug sieht man noch die kostbaren alten Trachten: die Lederhosen, die vom Vater auf den Sohn vererbt werden, unbezahlbare Gamsbärte und ansehnliche Colliers, die in Bayern „Kropfbandl" heißen. Von den Fahnen grüßt die Patrona Bavariae, und dazu erklingt immer wieder der Evergreen aller bayerischen Blaskapellen: der bayerische Defiliermarsch.

LÖWENBRÄU LÖWENBRÄU
Polyp

„So geht's!“

Das Oktoberfest ist eindeutig das wichtigste Volksfest der Bayern. Und die Münchner und ihre Nachbarn stellen auch immer noch den größten Teil der Besucher, dazu kommen noch viele Italiener, die Bayerns Bier und Küche vergöttern, und ein paar Exoten aus aller Herren Länder, bis aus dem fernen Australien. Fast sieben Millionen Besucher waren es beim letzten Oktoberfest.

Das Oktoberfest ist aber viel mehr als ein gewöhnliches Volksfest, in München besitzt es durchaus den Stellenwert eines gesellschaftlichen Ereignisses. Man sieht sich und wird gesehen, man hat sein Stammzelt, und die Münchner Society hält regelrecht Hof in ihren Boxen; wer da seine Maß trinkt, steht am nächsten Tag in der Zeitung. Man geht mit Geschäftspartnern auf die Wiesn, vor allem mit den Nichtbayern, die sich schon vorsorglich die letzte Septemberwoche im Terminkalender freigehalten haben. Jede anständige Münchner Firma lädt selbstverständlich ihre Mitarbeiter auf die Wiesn ein. Meist hat man eine Box gemietet oder zumindest einen Tisch reserviert, und dazu gibt es dann reichlich Bier- und Hendlmarken, die schon im Vorfeld des Oktoberfests in München eine begehrte „Ersatzwährung“ sind und eifrig gesammelt werden. Man trifft sich mit Freunden, denn miteinander macht die Wiesn natürlich mehr Spaß als alleine, und man nutzt das Oktoberfest, um den bayerischen Sommer möglichst stilvoll, aber intensiv ausklingen zu lassen. Neben dem Bier ist das Essen auf der Wiesn wichtig. Es gibt Wiesn-typische Gerichte, die bekommt man das ganze Jahr nirgendwo anders in dieser Qualität und mit diesem Geschmack. Diese Wiesn-Küche ist etwas ganz Besonderes, das es zu genießen gilt. Eine gebratene Makrele war ursprünglich ein Arme-Leute-Essen, bis ein Marketing-Naturtalent – so würde man heute sagen – auf die geniale Idee kam, sie nach alter Anglersitte, aufgespießt auf einem Haselnußstecken und über offenem Feuer gebraten, auf der Wiesn anzubieten. Heute heißt die derart zubereitete Makrele Steckerlfisch, ist hochgeschätzt und – nicht zuletzt durch die Wiesn – weltbekannt und quasi in aller Munde. So geht es mit den meisten Wiesn-Spezialitäten: einfache, aber gute Sachen, die hier seit Jahrzehnten unverändert und in den gleichen Portionsgrößen zu haben sind.

Die Kinder bekommen natürlich ihre Riesenbrezn am Bandl, Zuckerwatte, Magenbrot, gebrannte Mandeln – die Klassiker – und die modischen Schleckerwaren, die jedes Jahr neu dazukommen. Nach dem Wiesn-Bummel sind die Zwergerl dann reichlich „genudelt“ und leicht blaß um die Nase.

Wenn es auch keine Kleiderordnung gibt, gilt doch: Für die Wiesn wird sich „gescheit“ angezogen. Das heißt, entweder die Tracht, denn die verträgt schon einiges, und für die Damen das Dirndl, schon mal wegen der schönen Aussichten. Es darf aber auch ein robuster Freizeitdress sein, Jeans, Lederjacke oder Trachtenjanker. Die Sachen, die man auf der Wiesn trägt, müssen bequem sein und dennoch gut aussehen. Man will ja schließlich zeigen, wer man ist. Jogginganzüge und andere „Fitneßkostüme“ sind nicht so gern

Gruß vom
Oktoberfest

Hacker-Pschorr Himmel der Bayern

Schottenhamel

gesehen und passen auch nicht auf die Wiesn. Außer dem richtigen Outfit braucht man natürlich Geld, und davon nicht wenig. Denn neben Essen und Trinken fallen beim Wiesn-Bummel noch weitere unerläßliche Rituale an. „Schießen“ müssen die Herren natürlich und möglichst einen der riesigen Plüschbären erlegen, den man dann der Herzallerliebsten überreicht oder zum „Anbandeln“ benützt, wie man den Flirt hier nennt. Des weiteren hat man reichverzierte Lebkuchen-Herzen zu kaufen, auf denen mit Zuckerguß „Du bist mein Schatz“ oder anderes geschrieben steht. Die Kinder fordern die Trompeten, glitzernde Hüpfbälle und mit Liebesperlen gefüllte Spielzeugräder, die es seit Generationen auf der Wiesn gibt – und dazu all die anderen Verkaufsschlager, die jedes Jahr neu erfunden werden und weggehen wie die warmen Semmeln, weil die Eltern ihre Kinder mit kleinen Zuwendungen bestechen, um nachher in Ruhe und ohne quengelnde Rasselbande im Festzelt einkehren zu können.
Wenn man keine Box und keinen Tisch reserviert hat, sondern das Bad in der Menge vorzieht, findet man auch im vollsten Zelt immer noch einen Platz. „Zsammrutschn“ heißt dann auf freundliche Anfrage die Devise am Tisch, und man wird staunen, auf wie wenigen Zentimetern ein Mensch noch Platz finden kann. Am Tisch lautet die korrekte Anrede: „Herr Nachbar“ oder „Frau Nachbarin“, wenn man sich noch nicht näher bekannt gemacht hat. Ansonsten ist man auf der Wiesn schnell „per Du“ und beim Vornamen. Spätestens beim: „Ein Prosit, ein Prosit der Gemütlichkeit“ stößt man ohne Ansehen des Bekanntschaftsgrades miteinander an. Und dieser Stimmungsrefrain kommt spätestens alle 20 Minuten. Richtig, neben den Speisen und Getränken spielt in den Zelten vor allem die Musik eine ganz große Rolle. Jedes Festzelt hat seine große Kapelle, die die gängigen Wiesn-Melodien spielt, alles vom bayerischen Defiliermarsch bis zum Walzer. Und dann gibt es alle Jahre wieder einen Wiesn-Hit, mindestens einen. Das ist Bayerisch Sound wie „Resi, i hol di mit dem Traktor ab“ bis hin zu Exotischem wie „Macarena“. Hauptsache, man kann sich den Text leicht merken und dann mitsingen, spätestens dann übersteigt die Stimmung das Sitzfleisch, und es wird auf Tischen und Bänken getanzt, was erstens nicht ganz ungefährlich ist und zweitens nicht erlaubt. Das ist der Zeitpunkt, um die Ordner kennenzulernen, die den Auftrag haben, die Gäste wieder auf den Boden zurückzuholen, auch wenn's nicht immer klappt. Die Stimmung in den Wiesn-Zelten ist mit fortgeschrittener Stunde meist „bombig“. Da taut auch der letzte „Wiesn-Muffel“ auf und läßt sich mitreißen.
Zwischen den dichtbesetzten Reihen stellen die Wiesn-Bedienungen währenddessen wahre Rekorde an Geschwindigkeit und Gewichtheben auf – bis zu 12 gefüllte Maßkrüge schleppen diese Stars der Gastlichkeit und sind dabei in der Regel noch gut gelaunt. Die Maß bestellt man sich mit kräftiger Stimme oder Fingerzeichen und etwas Geduld, vor allem sagt man nicht „Maaß“ mit langem a, sondern – als Eingeweihter – „Masss“ mit kurzem a und scharfem s. Es heißt auch „die“ Maß und nicht „der“ oder gar „das“, Sprachkapriolen, mit denen sich schon Prominente in Bayern blamierten. Die Bedienung tituliert man auch nicht als „Zenzi“ oder „Resi“, erstens weil einem das eine schlagfertige Retourkutsche einbringt, die man sicher nicht zu erwidern weiß – Wiesn-Bedienungen sind

Ungekrönte Königinnen auf der Wiesn: Die Wiesn-Bedienungen sind respektierte Persönlichkeiten, die nicht nur „Schmalz“ in den Armen haben müssen, sondern auch im Kopf; ihr Mutterwitz ist so beliebt wie gefürchtet. Einige dieser Schwerstarbeiterinnen sollen in einer Wiesn-Saison ihr gesamtes Jahreseinkommen verdienen.

Ein echtes Wiesnhendl ist kein gewöhnliches gebratenes Federvieh – nach unveränderter Tradition wird das gut gewachsene Hendl mit Salz und Pfeffer sorgfältigst eingerieben und mit Petersilie gefüllt und dann auf dem Grill von allen Seiten goldbraun gebraten, bis die Haut den unnachahmlichen knusprigen Zustand erreicht hat.

nicht auf den Mund gefallen. Zweitens, weil diese Wiesn-Bedienungen hochgeachtete und respektable Persönlichkeiten sind, die Schwerstarbeit leisten. Man sollte nicht auf den Gedanken kommen, daß dies etwa jeder könnte: Kellnern auf der Wiesn ist eine Mischung aus Knochenarbeit und Hochleistungssport. Deshalb ist das Trinkgeld auch ein absolutes Muß, um das selbst der Allersparsamste auf der Wiesn nicht herumkommt. Überhaupt muß man etwas Großzügigkeit mitbringen. Selbst, wer sich nicht zutraut, einen Liter Bier wegzustemmen, bestellt keinesfalls „ein kleines Bier". Der Lacherfolg am Tisch wäre sicher, jeder weiß, daß auf der Wiesn das Bier aus den großen, kühlen Krügen am allerbesten schmeckt. Und keiner schreibt vor, daß ausgetrunken werden muß! Halbalkoholisch kann man außerdem auch seinen Spaß haben, denn in einigen Zelten gibt es auch einen „Radler", das ist die Mischung aus Bier und weißer Limonade. Auch das ist in Bayern gesellschaftsfähig, und der „ganze Kerl" beweist sich durchaus nicht in Trinkrekorden. Man soll das Wiesn-Bier jedenfalls nicht unterschätzen, auch wenn der begehrte „Stoff" angenehm und mühelos durch die Kehle fließt, hat das Märzen doch mindestens 13,5 % Stammwürze – und 5,9 % Alkohol. Auch ein Grund, warum sich das eigene Auto als Anreisemittel zur Wiesn verbietet. Parkplätze gibt es sowieso nicht, dafür überdurchschnittlich viele Alkoholkontrollen in der Stadt und an allen Ausfallstraßen.

Zur und von der Wiesn kommt man natürlich zuallererst einmal mit der U-Bahn über den eigens eingerichteten U-Bahnhof Theresienwiese, der während der Wiesnzeit sogar einen Bahnsteig-Animateur beschäftigt, oder aber über die U-Bahn-Stationen Goetheplatz oder

Wohlverdiente Pause für die Köche. Auf den Wiesnköchen lastet eine schwere Verantwortung – schließlich sind die Spezialitäten, die sie zubereiten, dafür berühmt, daß sie in unveränderter Qualität und ausschließlich frisch aus der Küche auf die Tische kommen. Und bei schätzungsweise rund 50.000 Schweinshaxen pro Oktoberfest kann man schon ganz schön ins Schwitzen kommen.

Messegelände, S-Bahn Hackerbrücke oder – natürlich auch – mit Tram, Bus oder Taxi.
Neben den Festzelten, die ganz bestimmt das Wichtigste auf der Wiesn sind, gibt es natürlich noch die unendlich vielen Fahrgeschäfte und Schausteller, mit immer neuen Superlativen, aber auch liebgewordenen Traditionen. Jedes Jahr werden die Achterbahnen größer, höher und abenteuerlicher, jedes Jahr gibt es neue „Wiesn-Attraktionen" für Menschen mit robusten Mägen und guten Nerven. Diese Art von Extrem-Vergnügen hat schon manchen überfordert, und wer sein Hendl lieber bei sich behalten mag, dem bleiben immer noch jede Menge Amüsements der ruhigeren Art bis hin zum uralten „Schichtl" mit seinen wunderbaren „Enthauptungen", die skurril, doch völlig unblutig verlaufen. Aber es gibt auch immer ausreichend Interessierte an dem „thrill", wenn der große Looping den Magen auf- und abschnalzen läßt; und Tausende sind geradezu versessen darauf, sich gegen viel Geld nasse Hosen zu holen. Die anderen beweisen „Schmalz", wie man in Bayern sagt, und „hauen den Lukas", die klassisch bayerische Kraftprobe. Die dritten, und das sind die meisten, schauen zu. Aus reiner Nostalgie sucht man die „Dame ohne Unterleib" auf, auch wenn man sie noch vor zehn Minuten mit eigenen Augen auf durchaus gut gebauten Beinen eine Fischsemmel verspeisen sah. Klassiker wie Kettenkarussell, Schiffsschaukel, Auto-Scooter dürfen nicht fehlen, schon mal der Kinder wegen, an Losbuden kann man 18teilige Service oder kurzlebige Schlüsselanhänger gewinnen – und ewig lockt der Vogel-Jakob mit kunstvollem Tirilieren große und kleine Bewunderer an. Vor allem ist es

aber diese Komposition aus lustvoll entsetztem Kreischen, dem „TrrretenSienäher, kommen Sie rein...", den unsterblichen Karussellschlagern und dröhnenden Hits, die man zumindest einmal bei einem großen Wiesn-Rundgang erlebt haben muß.
Natürlich haben neben den sonnigen und eher familiär gemütlichen Nachmittagen auch die abendlichen Wiesn-Bummel ihren Reiz. Allerdings muß man dann die Ellenbogen dabeihaben, denn das Gedränge, wo auch immer, ist groß. Aber dafür ist das bunte Lichtermeer in der Nacht auch ein unvergeßliches Erlebnis, da lohnt es sich doch auch für ansonsten Bodenständige, einmal das Riesenrad zu besteigen, um hoch über dem ganzen Geglitzer dahinzuschweben. Romantiker erklimmen dann gerne die Theresienhöhe und sitzen zu Füßen der 30 Meter hohen Dame Bavaria, um den ganzen Rummel aus geräuschgedämpfter Entfernung zu genießen. Ein prächtiges Bild! In den Bierzelten schäumt die Stimmung zu dieser Tageszeit über, mancher hat allerdings dann auch schon zuviel des Guten zu sich genommen, und es ist gar nicht verkehrt, daß zwischen zehn und elf Uhr die letzten Biere gezapft werden. Früher war es Brauch, dann auf ein letztes Getränk im Hippodrom einzukehren. Heute stehen dort keine Pferde mehr, man serviert dafür Besonderes für Feinschmecker. Nur im Weinzelt und im Hippodrom dürfen noch bis eins die Korken knallen – und beim Käfer, wo die Reihen gewöhnlich dicht mit Prominenz besetzt sind, darunter auch die Stars vom FC Bayern, wenn's der Trainer erlaubt.
Wer nicht auf Sekt oder Wein umsteigen will, wendet sich dann gen Schwabing oder Haidhausen, wo sich die restliche Vergnügungslust in unzähligen Lokalen austoben kann. Und die ganz Unermüdlichen finden ab 5 Uhr früh ihr Morgenasyl dann hinter dem Viktualienmarkt in der „Schmalznudel", wo es einen starken Kaffee aus dem Haferl und die frischen, warmen schmalzgebackenen „Ausgezogenen" gibt, die dem Lokal seinen Namen gegeben haben. Wer sich danach wieder munter fühlt, macht einen Bummel über den erwachenden Viktualienmarkt, wo schon ab 6 Uhr reges Treiben herrscht. Der Kenner verspeist hier noch eine Fischsemmel und genehmigt sich dazu das Regenerationspräparat, das man in München der Kopfschmerztablette vorzieht: ein frisches Hefeweißbier.

Oben: Früher die letzte Rettung für die Wiesnbesucher, die auch um Mitternacht noch nicht aufgeben wollten. Heute wird dort, wo früher die Pferde standen, Küche vom Feinsten geboten. Rechts: Nicht verändert hat sich hingegen eine Institution aus den Anfängen der Wiesn: „Hau den Lukas" gilt heute noch als Muß für bayerische und nichtbayerische Mannsbilder, die hier ihre Kräfte messen. Im Zuge der Emanzipation haben allerdings auch schon Damen wirkungsvoll den Hammer geschwungen und damit das höchste Lob des Bayern geerntet: „Da schau her!"

Rundschlag
VERBOTEN!
3 Schlag 2:-
Pschorr-BR
FESTWI
WILLY HE

Wiesn-Festwirte und Brauereien

Die Wiesn-Wirte gehören zu den wichtigsten Leuten auf der Wiesn. Sie haben das Sagen in den Zelten und achten darauf, daß die schönen und guten Traditionen gepflegt und beibehalten werden. Wiesn-Wirt kann daher selbstverständlich nicht jeder werden, hohe Anforderungen sind mit diesem begehrten Status verbunden, der vererbt wird wie seinerzeit der bayerische Thron. Und wenn einmal ein „Neuer“ in die erlesene Runde aufgenommen wird, dann erst, nachdem er sich einer strengen Examinierung unterzogen und der Stadtrat seine Zustimmung gegeben hat.

Seit über 60 Jahren auf der Wiesn aktiv: Bräurosl-Festwirt Willy Heide ist Sprecher der Wiesnwirte.

Die Schottenhamel-Festhalle

In den Anfangszeiten des Oktoberfestes gab es noch keine Festzelte, sondern nur kleine Buden, an denen man Speisen und Bier kaufen konnte. Ein paar Sitzplätze standen zur Verfügung, aber bei weitem nicht genügend. Die Besucherzahl der Wiesn war allerdings auch viel geringer und das ganze Oktoberfest viel, viel kleiner, als man es sich heute vorstellen kann.

Michael Schottenhamel baute um die Jahrhundertwende die erste große Festhalle mit Ausmaßen, wie es sie heute noch auf der Wiesn gibt. Damit war das klassische Festzelt geboren, das im Laufe der nächsten Jahrzehnte auch von den anderen Brauereien nachgebaut wurde. Die Tradition, die Michael Schottenhamel seinerzeit begonnen hatte, wird heute in der vierten Generation von Peter und Christian Schottenhamel gepflegt – „der Schottenhamel“, wie es bei den Münchnern heißt, ist also der Klassiker auf der Wiesn. Das ist auch einer der Gründe, warum ausgerechnet in diesem Zelt jedes Jahr am entscheidenden Samstag um Punkt zwölf der langersehnte Ruf erschallt: „O’zapft is’!“ Der Oberbürgermeister persönlich zapft im Schottenhamel das erste Faß Wiesn-Bier an, natürlich im Beisein von allerhand Prominenz bis hin zum Ministerpräsidenten und scharf beobachtet von den langjährigen „Wiesn-Profis“: „Kann er’s, oder kann er’s nicht?“ Das Anzapfritual ist jedenfalls ein besonderes Wiesn-Ereignis, das man sich nicht entgehen läßt. Und wer Festzeltvergnügen an seinem Ursprungsort genießen will, gutes Essen und

Mit den Pferden hat alles angefangen. Und auch heute noch sind die Rösser fester Bestandteil der Wiesn und werden entsprechend festlich geputzt und geschmückt.

ein frisches Wiesn-Bier zu schätzen weiß, der ist im Schottenhamel gut aufgehoben. Unter Münchner Insidern wird die „Schottenhamel-Band“ außerdem als besonders flott gehandelt. Jungschweinebraten aus dem Riesengrill mit Krautsalat, ofenfrische Schweinshaxn mit Semmelknödel, Riesen-Truthahnkeulen aus dem Ofen mit Kartoffelsalat, knuspriges Spanferkel mit Kartoffelknödel und vieles mehr wird hier geboten. Die Schottenhamel-Festhalle hat rund 10.000 Sitzplätze, und ausgeschenkt werden Biere des Spaten-Franziskaner-Bräu.

Die Käfer Wiesn-Schänke

Sie gehört zu den „Jüngsten“ auf der Wiesn. Die bekannten Münchner Feinkosthändler und Gastronomen Gerd und Michael Käfer, Vater und Sohn, haben das kleinste Wiesn-Zelt, das aber immerhin noch über rund 2.000 Sitzplätze verfügt, einschließlich Biergarten. Hier trifft „man“ sich, und deshalb ist sehr viel Prominenz im Käferzelt zu finden. In die Käfer-Schenke kommt nur rein, wer vorher einen Platz reserviert hat. Im Käferzelt gibt es als Spezialität Ente vom Grill mit Reiberdatschi (Reibekuchen), Blaukraut und Sauce. Auch Käfer’s Dampfnudeln mit Vanillesauce sind weit über die Wiesn hinaus schon fast legendär. Im Käferzelt werden Paulaner-Biere ausgeschenkt, neben Weinen und anderen Getränken.

Die Schützenfesthalle

Mit „nur“ 4.000 Plätzen gehört auch die Schützenfesthalle von Eduard Reinbold eher zu den kleineren Festzelten. Dennoch ist sie eines der traditionsreichsten, denn schließlich haben die Schützen eine lange Geschichte auf der Wiesn. Im Ausschank gibt es Löwenbräu und dazu Wiesn-Hendl, eine Spezialität ist auch Spanferkel, in Malzbier gegart, wozu Kartoffelknödel und lauwarmer Krautsalat serviert werden.

Im Hofbräu-Zelt wacht auf einer Wolke der legendäre Dienstmann und Engel Aloysius über das Wohlergehen der über 10.000 Gäste aus aller Welt, die hier in babylonischer Sprachverwirrung die Maßkrüge stemmen und dazu ungeheure Mengen von Spanferkel, Schweinshaxen, Hendl und Kaiserschmarrn vertilgen. Und die Blaskapelle intoniert den hauseigenen Hit „In München steht ein Hofbräuhaus..."

Der Wein-Wirt

Roland und Doris Kuffler mit ihrem „Wein-Wirt" sind seit Jahren schon die Alternative zu den großen Bierzelten. Hier gibt es neben Pfälzer Weinen auch viele Spezialitäten, wie Pfälzer Saumagen mit Sauerkraut aus dem Faß, hausgemachten Kartoffelstock und Nußbutterbröseln. Außerdem viele andere Köstlichkeiten, wie zum Beispiel Wildhasenrückenfilets in Schwammerlsauce.

Der Wein-Wirt ist besonders beliebt bei den Münchnern, denn in der bayerischen Bierhauptstadt wird, man höre und staune, pro Kopf der meiste Wein in ganz Deutschland getrunken, und so hat der Wein-Wirt auch eine berechtigte Tradition auf der Wiesn. Wer dennoch keinen Wein mag, der bekommt hier selbstverständlich auch Paulaner-Weißbier oder Mineralwasser.

Das Winzerer Fähndl

Die prächtige Festhalle mit rund 8.000 Plätzen in Zelt und Garten gehört Willi und Helga Kreitmair. Dieses Traditionszelt zählt ebenfalls zu den beliebten Münchner Treffpunkten, denn bei Junghirschbraten in Wacholderrahm mit Schwammerln oder Spanferkel, Kalbs- und Schweinshaxen läßt sich's gut aushalten. Das Wiesn-Bier dazu bringt einen in die richtige Stimmung.

Ein Wort zum Wiesn-Bier, zwischendurch.

Das Wiesn- oder auch Oktoberfestbier ist ein geschütztes Warenzeichen, und es wird von allen Münchner Brauereien auf der Wiesn ausgeschenkt. Seit 1872 wird dieses tiefgoldene Märzen mit dem kräftigen Malzgeschmack extra für die Wiesn gebraut. Märzen

Die schöne Rosl war es, die diesem Festzelt seinen Namen gab. Wenn die Vorzeigetochter einer Münchner Bierdynastie einst allabendlich auf den Hof geritten kam, um sich ihren Nachttrunk abzuholen, dann standen die Mannsbilder Spalier.

heißt es, weil es ursprünglich, als man der Temperaturen wegen nur über die Wintermonate brauen konnte, gegen Ende der Brauzeit, im März, gebraut wurde. Das Oktoberfestbier ist schwach gehopft und deshalb trotz höherer Stammwürze besonders süffig.

Das Löwenbräu-Festzelt

So, jetzt geht es hinein in die großen Wiesn-Zelte. Dort wo der Löwe brüllt, und das seit Jahrzehnten, da ist das Löwenbräu-Festzelt von Ludwig Hagn. Über 8.500 Plätze in Zelt und Biergarten im Zeichen des Löwen. Außer dem süffigen Löwenbräu-Wiesn-Bier gibt es Schweinswürstl mit Kraut, zünftige Schweinshaxn, frische Wiesn-Hendl und den berühmten Kaiserschmarrn aus der Riesenpfanne. Das Löwenbräu-Zelt ist ein Klassiker auf der Wiesn und genießt vor allem einen internationalen Ruf. In kaum einem Wiesn-Zelt findet man so viele Gäste aus aller Welt.

Das Pschorr Bräurosl-Festzelt

Die Bräu-Tochter Rosl, die um die Jahrhundertwende jeden Abend auf den Brauereihof der Pschorr-Brauerei geritten kam, um sich, von den Mannsbildern begafft, ihren Abendtrunk zu holen, stand Pate für dieses Festzelt. Und als die Pschorr-Brauerei 1901 eine neue Festhalle auf der Wiesn errichtete, wurde sie nach ihr „die Bräurosl" genannt. Seitdem ist auch beim Einzug der Wiesn-Wirte immer die „Bräurosl" hoch zu Ross dabei, auch wenn es nicht mehr die von damals ist.

Die Familie Heide führt das Bräurosl-Zelt seit 1936. Willi Heide, der Sprecher der Wiesn-Wirte, bewirtschaftet mit seinem Sohn das Bräurosl-Zelt, in dem es viele Wiesn-Spezialitäten gibt und dazu das Hacker-Pschorr-Wiesn-Bier. Das Festzelt hat rund 8.500 Sitzplätze im Zelt und im Biergarten und gehört ebenfalls zu den Traditionsunternehmen auf der Wiesn.

Hacker-Pschorr

nel der Bayern

Die Hacker-Pschorr-Festhalle

Sie gehört zu den größten Festhallen mit cirka 9.300 Plätzen im und ums Zelt. Diese Festhalle wird auch der Himmel der Bayern genannt, denn die Dekoration im Zelt besteht aus Hunderten von Wolken und Sternen. Da hat schon so mancher nach Wiesn-Bier und Brotzeit wirklich geglaubt, er sei im Paradies! Die Hacker-Pschorr-Festhalle wird von Toni und Christl Roiderer geführt, die auch über eine hervorragende Wiesn-Küche verfügen: Ochsenhochrippe vom Grill, Hendl, Enten, Spanferkel, Schweinswürstl und vieles mehr. Dazu das Hacker-Pschorr Oktoberfestbier.

Die Augustiner-Festhalle

Das Augustiner-Bier spielt in München eine ganz besondere Rolle, es gibt Münchner, die lieber Wasser als ein anderes trinken. Und das Augustiner zur Wiesn fließt immer noch aus den guten, alten Holzfässern. Der Festwirt Manfred Vollmer bietet aus seiner Küche herrliche bayerische Schmankerl an, und ganz besonders gut sind die frisch geschlachteten Wiesn-Hendl, mit Petersilie gefüllt und knusprig gegrillt. Das Augustiner hat 9.388 Plätze in Zelt und Biergarten und ist neben dem Schottenhamel-Zelt eine der von den Münchnern bevorzugten Wiesn-Lokalitäten.

Tempel der bayerischen Bierkultur: Die Wiesn-Festzelte zeichnen sich nicht nur durch ein exzellentes Bier und eine hervorragende Küche aus, es müssen dazu auch Dekoration, Musik und Stimmung passen – das Ambiente eben, wie man jenseits des Weißwurstäquators sagen würde.

Die Fischer-Vroni

Die Fischer-Vroni ist voll und ganz in weiblichen Händen – und das seit 1949. Anita Schmid und Eva Stadtmüller sind längst weit über Münchens Grenzen hinaus berühmt für ihren Steckerlfisch. Diese urbayerische Spezialität schmeckt, sagt man, am allerbesten bei der Fischer-Vroni. In einer 15 Meter langen Reihe braten die aufgespießten Fische über dem offenen Feuer und verbreiten ihren herrlichen Duft weit über die Wiesn. Das kleine, aber feine Zelt mit etwa 1.200 Plätzen ist ein beliebter Treffpunkt, nicht nur für Münchner. Auch hier gibt es Augustiner-Wiesn-Bier. Und wer keinen Fisch mag, bekommt bei der Fischer-Vroni auch exzellente Schweinshaxn und Wiesn-Hendl.

Die Hofbräuhaus-Festhalle

„In München steht ein Hofbräuhaus, oans, zwoa gsuffa", damit wurde das Hofbräu weltberühmt. Die staatliche Brauerei und das dazugehörige Bier sind vor allem bei Nicht-Münchnern sehr beliebt. Zelt und Garten bieten rund 10.500 Plätze, was absoluter Rekord auf der Wiesn ist. Die Wirte Margot und Günter Steinberg sorgen für viele Urmünchner Spezialitäten, wie Spanferkel mit Speckkrautsalat, Schweinshaxn, Wiesn-Hendl, Kaiserschmarrn, um nur einige zu nennen. Und natürlich wird das süffige Hofbräuhaus-Oktoberfestbier ausgeschenkt.

Übrigens, wie man sagt, werden hier die meisten Bierkrüge geklaut, zwecks Souvenir. Allerdings mit nur mäßigem Erfolg, denn die Ordner an den Ausgängen haben einen gut geschulten und geradezu durchdringenden Blick.

SEIT 1397
SPATENBRÄU
Ochsenbraterei

Die Armbrustschützen haben eine lange Wiesngeschichte – und schon beim ersten Oktoberfestumzug waren sie dabei. So gehört auch das Armbrustschützenzelt zu den Klassikern auf der Wiesn.

Die Ochsenbraterei

Die Ochsenbraterei mit den Wirten Anneliese und Hermann Haberl gehört seit Jahrzehnten zur Wiesn, und dort wo sich traditionell ein ganzer Ochse am Spieß dreht, ist viel Besonderes angesagt.

Das Zelt mit gut 7.000 Plätzen gehört zu den favorisierten Wiesn-Zielen, gerade zur Mittagszeit trifft man sich gerne in der Ochsenbraterei, um Hochrippe, Lende, Ochsenbackerl in Rotweinsauce oder Ochsenfleisch sauer zu genießen. 1881 konstruierte der Wiesn-Wirt Johann Rössler den zentnerschweren Drehspieß, der damals noch von einem „Dampflokomobil" angetrieben wurde, und auf diesem Spieß wurde der erste Ochse gebraten, der gut und gerne seine 15 Zentner wog. So ein Ochse liefert an die 700 Portionen, die Garzeit beträgt allerdings bis zu sieben Stunden. Die Ochsenbraterei ist ein absolutes „Muß" für den Wiesn-Besucher. Und zum Ochsenbraten trinkt man hier eine frische Spatenbräu-Wiesn-Maß!

Das Armbrustschützenzelt

„Zielwasser" gehörte für die Schützen seit eh und je dazu, doch zum Paulaner-Bier wollte man auch gut essen, und das ist so geblieben, auch für alle „Nichtschützen". Vom Hendl bis zur Schweinshaxn ist hier alles geboten. Bratwürstl mit Kraut, Ente und vieles mehr bringt die Küche jeden Tag frisch auf den Tisch. Das Zelt mit knapp 7.500 Plätzen gehört auf die Wiesn, solange man denken kann. Immerhin waren die Schützen die „Miterfinder" der Wiesn, und gerade die Armbrustschützen schauen auf eine lange Tradition zurück. Die Wirte Peter Inselkammer und Sohn pflegen diese Tradition aufs beste und sorgen für stets „volles Haus".

Die bodenständige bayerische Küche eignet sich durchaus zu kulinarischen Höhenflügen. So kann man im Hippodrom auch eine Tafelspitzsülze genießen oder sich an einem gehobenen Zanderfilet delektieren.

Das Hippodrom

Also, mit Pferden hat das Hippodrom heutzutage herzlich wenig zu tun. Dennoch ist das Festzelt von Gabi und Sepp Krätz dasjenige, das aus dem Rahmen fällt. Das Hippodrom mit rund 3.700 Plätzen im Zelt und Biergarten hat zusätzlich zwei Bars, zum besseren Flirten, und hebt sich mit seinem Angebot an Speisen und Getränken deutlich ab von den anderen Bierzelten. Tafelspitz, Zanderfilet, Spanferkel, Lammhaxn und viele Biergartenschmankerl stehen auf der Karte.

Man sucht sich die besten Köche der Stadt, um seine Besucher zu verwöhnen. Neben Wein und Champagner gibt es aber natürlich auch eine zünftige Spaten-Wiesn-Bier-Maß und ein belebendes Franziskaner-Hefe-Weißbier. Das Hippodrom gehört zweifelsohne zu den gesellschaftlichen Höhepunkten auf der Wiesn, und man trifft hier häufig auf Prominenz.

Die „Musi"

Neben Bier und Hendl ist das Drittwichtigste die Musik. In allen Wiesn-Zelten gibt es große Kapellen, die alles spielen, was gute Laune macht, von urbayerischen Weisen bis hin zu internationalen Hits. Die Musiker tragen natürlich die bayerische Tracht und treten in der Größenordnung einer Bigband auf, weil mehr Musiker auch mehr Musik machen und damit logischerweise auch mehr Stimmung, und nur um die geht es schließlich auf dem Oktoberfest. Die meisten Kapellen haben mit den Wiesn-Wirten feste Verträge über Jahre, und daß eine Kapelle von einem ins andere Wiesn-Zelt wechselt, ist sehr, sehr selten. Jede Kapelle hat natürlich einen „Dirigenten", auch wenn diese Besetzung nicht so ganz ernst gemeint ist. Deshalb gibt es auch gegen eine „kleine Spende" die Chance, ein Lied lang als Gastdirigent im Wiesn-Zelt aufzutre-

ten. Diese Rolle ist sehr begehrt, vor allem bei den von weit angereisten Wiesn-Besuchern. Einen echten Münchner sieht man hier dagegen nur selten mit dem Taktstock in der Hand. Aber, wie gesagt, eine Gaudi muß sein! Die Wiesn-Kapellen spielen nicht den ganzen Tag, oft nachmittags – und ab dem frühen Abend garantiert. Von Blaskapelle bis Showband ist alles dabei. Gespielt wird viel bayerische Volksmusik bis hin zu Schlagern und Evergreens. Zu fortgeschrittener Stunde sind vor allem die Stücke zu hören, die jeder kennt und mitsingen kann. Das Mitsingen ist wichtig, denn das heizt die Stimmung nochmals an und befreit den Wiesn-Besucher dann auch von den letzten Alltagssorgen.
Die meisten Musikgruppen kommen übrigens nicht aus München, sondern aus dem nahen und weiteren Umland. Und eines spielen sie alle, höchst regelmäßig: „ein Prosit, ein Prosit, der Gemütlichkeit!“ Und dann „oans, zwoa, gsuffa...!“, was sich gröber anhört, als es dann in Wirklichkeit ist.

Satte Rekorde!

1996 wurden auf der Wiesn konsumiert:

Bier	52.622	Hektoliter
Bier, alkoholfrei	1.302	Hektoliter
Wein	36.240	Liter
Sekt	19.739	Flaschen
Branntwein, Likör	7.388	Liter
Kaffee, Tee	441.401	Tassen
Limonaden, Cola etc.	633.833	Flaschen
Milch	1.685	Liter
Brathendl	595.580	Stück
Schweinswürstl	254.788	Paar
Bratwürstl	208.020	Stück
Fisch	364	Zentner
Schaschlik	31.165	Stück
Schweinshaxn	66.228	Stück
Ochsen	84	Stück
Hirsche, Kälber	17	Stück
Suppen	44.785	Tassen

AUGUSTINER
OKTOBERFESTBIER
EDELSTOFF HELL

Attraktionen, Sensationen!

Seit Hugo Haases Blitzbahn der zwanziger Jahre hat sich viel verändert auf dem Oktoberfest. Die Schaustellerbuden und Fahrgeschäfte haben sich zu einer richtigen Vergnügungstadt ausgewachsen. Lautstark und mit grellen Farben, phantastischen Konstruktionen und abenteuerlichen Dekorationen werben die Attraktionen links und rechts der Wiesn-Straßen um die Aufmerksamkeit der Passanten. Höher, schneller, aufregender – die Ausrufer überbieten sich im Verkünden der Superlativen, Musik aller Sorten dröhnt durcheinander – aber was im normalen Leben nicht zu ertragen wäre, vermittelt hier auf der Wiesn dieses gewisse köstliche Kitzeln von vorübergehender Unvernunft und Tollheit. Kinder jeden Alters freuen sich schon Wochen vorher auf den Moment, wo einem die Luft wegbleibt und der Mund sich wie von selbst öffnet zu dem lustvollen Befreiungsjauchzer. Der Wagen der Achterbahn schießt steil hinunter von der Höhe, und das Kribbeln im Bauch steigert sich ins beinahe Unerträgliche – ein „geiles" Gefühl, wie unsere Teenies dazu sagen. Jedes Fahrgeschäft entwickelt dabei sein ganz spezielles Rezept für Nervenkitzel. Die Wilde Maus ist mittlerweile schon ein betagter Klassiker, aber das Kreischen ist keinen Ton leiser geworden, wenn die Wagen für den Bruchteil einer Sekunde über die Schienen hinaus zu schießen scheinen, um dann im rechten Winkel um die Ecke zu rasen. Der Münchner Looping ist, wie es sich für eine Weltstadt gehört, ein fünffacher, und manche Nase ist merklich blasser, nachdem die Welt fünfmal auf dem Kopf stand und man mit dem Fünffachen des Eigengewichtes in die Sitze gepreßt wurde. „Das war noch gar nix", sagt der abgehärtete Profi und marschiert zum Jumping, das sich damit brüstet, den Fahrgast nach einem romantischen Blick über die Wiesn mit einem freien Fall in 7 Meter Tiefe zu beeindrucken. Einen spektakulären Auftritt hatte der Eurostar mit seiner raffinierten Methode, Nerven und Magen seiner „Opfer" in spiralförmiger Umlaufbahn aus dem Gleichklang zu bringen – so etwas hatte es bis dahin nur im Vergnügungspark Magic Mountain in Los Angeles gegeben.

Jedes Jahr wartet die Wiesn mit neuen Sensationen und Rekorden auf, selbstverständlich vom TÜV mit außerordentlichen Sicherheitsauflagen versehen. Langeweile ist jedenfalls ein Fremdwort auf dem Oktoberfest. Aber auch die Traditions-Fahrgeschäfte können nicht klagen. Es stehen immer noch Schlangen am Toboggan, und Nostalgiker rutschen jubelnd auch heute noch einmal die steilen Serpentinen hinunter wie schon damals als Kind. Die Ketten-Karussells sind vollbesetzt, zeitlos beliebt ist das Dahinfliegen übers bunte Getümmel, und alle, die dann wieder frisch auf der Erde angekommen sind, erkennt man am leicht schaukelnden Matrosen-

Links: Das schönste Panorama bietet die Wiesn immer noch bei Nacht vom Riesenrad herab, das sich mit seiner nostalgischen Gemütlichkeit bestens zwischen den rasanten modernen Fahrgeschäften behaupten kann.

Von zeitlosem Reiz ist das schaurig-schöne Gruseln, das auch den abgeklärtesten Wiesnbesucher noch erfaßt, wenn beim Schichtl „das Hinrichten eines lebenden Menschen mittels Guillotine" annonciert wird. Die Holzbänke sind hart wie eh und je und bis auf den letzten Platz gefüllt, auch wenn das Fallbeil bis zu zwanzigmal am Tag herunterrauscht. Und das nun schon seit 1872!

gang. – Überhaupt die Karussells: es gibt sie mittlerweile in allen Varianten; nicht mehr viele spielen ihre Musik auf alten Orgelpfeifen, aber geblieben ist die Krinoline: Dort wird die Musik noch hand- und mundgemacht, das kleine Blasorchester sitzt in seiner Loge wie holzgeschnitzt und läßt sich durch keinen Hit aus der Nachbarschaft aus dem Takt bringen. Die Geisterbahnen sind Evergreens, vor allem für die Kinder. Auch wenn heute manchmal schlicht „Horror" überm Portal steht, das nicht ganz ernst gemeinte, schaurig-schöne Gruseln ist geblieben.

Seit Ewigkeiten dreht sich das Teufelsrad; am beliebtesten sind allerdings die Zuschauerränge, wo man in aller Ruhe beobachten kann, wie die Fliehkraft die mutigen Kandidaten da unten auf der spiegelblanken Parkettscheibe zu den abenteuerlichsten Verrenkungen zwingt – die Damen zeigen im verzweifelten Kampf um Halt mehr Bein als gewollt, und selbst ein Scheich im Burnus soll dort schon in der Haltung eines strampelnden Käfers beobachtet worden sein.

Eine gewisse Art von sympathischer Schadenfreude treibt die Menschen auch zum Spiegelkabinett: Die Draußenstehenden können erheitert beobachten, wie die Besucher drinnen auf der Suche nach dem richtigen Weg durchs Glaslabyrinth irren und gegen die unsichtbaren Hindernisse prallen. Echte Helden sind schon seit den zwanziger Jahren die Steilwandfahrer auf ihren Motorrädern, und es wird immer noch mucksmäuschenstill inmitten des ganzen Trubels, wenn einem von ihnen dann die schwarze Binde um die Augen

Die Wiesn-Schausteller sind jedes Jahr aufs neue bemüht, frische Attraktionen und Superlative herbeizuschaffen, die die Welt noch nicht gesehen hat. Langeweile kommt jedenfalls auf dem Oktoberfest nicht auf, und im reichhaltigen Angebot an verschiedensten Amüsements kommen nervenstarke wie zartbesaitete Gemüter garantiert auf ihre Kosten.

gelegt wird und er, nur auf sein Gefühl angewiesen, exakt seine Kurven in schwindelerregender Höhe zieht.

Genau wie echte Helden sehen die Muskelmänner aus, die die schweren Schiffsschaukeln anschieben und abbremsen. Die „Schiffsschaukelbremserfrisur“, wie man ihre ölige Haartracht mit Locke nennt, ist mittlerweile ein geflügeltes Wort: Seit eh und je tragen sie das ärmellose Hemd in überzeugter Macho-Manier, das den Bizeps zur Schau stellt; und die kreischenden und kichernden Teenies sitzen immer noch mit schaukelnden Beinen auf dem Absperrungszaun.

Ein stiller Genuß seit mehr als siebzig Jahren ist der Flohzirkus, wo man schon genau hinschauen muß, damit einem die schier unglaublichen Sensationen nicht entgehen, die sich in diesem „Mikrokosmos“ abspielen. Und dann gibt es natürlich immer noch „den Schichtl“, dessen vielbesuchte Spezialität nach wie vor das „Enthaupten einer menschlichen Person“ ist. Natürlich sind die Kinder und die Erwachsenen heute „aufgeklärter“ als 1872, als diese Attraktion zu den absoluten Sensationen gehörte, aber noch heute halten Schaulustige entsetzt den Atem an, wenn das Fallbeil auf den jeweiligen Probanden herunterstürzt.

Der einzige „Schausteller“ auf der Wiesn, der sein Angebot nicht laut unters Volk schreit, sondern in der Stille wirkt, ist der Wiesn-Pfarrer im Wohnwagen, der seinen Kollegen sechzehn Tage lang geistlichen Beistand leistet – die Wiesn ist eben in München, und München ist in Bayern, und in Bayern hat der liebe Gott auch ein Einsehen dafür, daß der Mensch sein Vergnügen braucht.

SCHLOSS
LASER Effekte
Illusionen

Auch wer lieber festen Boden unter den Füßen behält, genießt die Attraktionen, die von allen Seiten über den Wiesnbesucher hereinbrechen. Allein der phantasievolle Aufzug der Fahrgeschäfte ist schon sehenswert, eines glitzernder als das andere, optische Knalleffekte von allen Seiten. Und wenn sich in der Luft die Stimmen und die Klänge mischen, wenn Hunderttausende von begeisterten Juchzern in den Himmel steigen, dann entsteht eine Stimmung, die es nur einmal gibt: auf der Wiesn.

Grüße aus
München

Die Wiesn-Renner

Die Brezn
Das wichtigste kulinarische Detail auf der Wiesn ist natürlich die „Brezn", die mindestens viermal so groß ist wie ein normales Exemplar und unbedingt ganz frisch sein muß. Die Wiesn-Brezn ist Beilage, Unterlage fürs Bier und Lieblingspeise der Kinder – bereits bei den Allerkleinsten findet sie als Schnullerersatz Verwendung. Ansonsten biegen sich auf dem Oktoberfest natürlich die Tische unter all den deftigen Wiesn-Spezialitäten. Die hier ausgewählten Rezepte sind nur die sogenannten „Wiesn-Renner", die wie alle anderen Delikatessen auf der Wiesn in den Küchen frisch zubereitet werden. Das ist eine Vorschrift!

Die Brotzeit
Die Brotzeit ist gerade auf der Wiesn eine geniale Sache, macht sie's doch möglich, zu allen Tageszeiten Appetit zu haben – und das mit einer gewachsenen Tradition im Rücken. Die erste Brotzeit des Tages ist gegen 9 Uhr angesagt, allerdings nur, wenn seit dem Frühstück schon mindestens zwei Stunden vergangen sind. Zwischen 10 und 11 Uhr legt man dann zwei Weißwürste ein, denn die müssen ja bekanntlich bis 12 Uhr weg. Das übliche Mittagessen läßt sich wunderbar in zwei Brotzeiten im Stundenintervall aufteilen, und spätestens gegen 16 Uhr ist es dann wieder soweit. – Brotzeit ist nicht mit Essen zu verwechseln, deshalb braucht man dazu auch keinen Hunger. „Es gibt nix Bessers als was Guats" sagt der Bayer, und dieser genüßlichen Lebenseinstellung entsprechen die typischen Brotzeit-Spezialitäten: einfach, aber eben einfach gut: Es gibt Emmentaler mit Salz und Pfeffer, wobei zu beachten ist, daß der Käse papierdünn gehobelt sein muß und je ein ordentliches Häufchen Salz und Pfeffer neben dem Hausbrot auf dem Teller liegt.
Nach 10 Uhr morgens ißt man Leberkäs, unbedingt mit rescher Kruste, dazu den unverzichtbaren süßen Senf, Brezn oder vielleicht die Kümmelsemmeln, die man in München „Remische" nennt.
Bis 12 Uhr mittags gibt's Weißwürste, zu denen man nichts mehr sagen muß, als daß man sie stück- und nicht paarweise bestellt. Dazu Brezn und Senf.
Zu erwähnen wäre noch Wurstsalat von Regensburgern mit ordentlich gezwiebelter Marinade, Tellersulz aus Schweinsknöcherln mit einer Extraportion Fleisch, Tellerfleisch oder Kronfleisch, mit frischem Meerrettich, und zum Bier natürlich den legendären hauchdünn geschnittenen Rettich, in Bayern liebevoll „Radi" genannt – eine frisch-pikante Delikatesse, die man auch als Nichtbayer einmal probiert haben muß.

Obatzter

Zutaten für 4–6 Personen:
100 g reifer Camembert
150 g Doppelrahmfrischkäse
2 TL weiche Butter
½ Zwiebel
½ TL Rosenpaprika
Salz, Pfeffer, Kümmel
1 Schuß Bier nach Geschmack

Camembert und Frischkäse mit der Gabel zerdrücken und mit der weichen Butter, der geschälten und feingehackten Zwiebel, den Gewürzen und dem Salz gut vermischen und kräftig abschmecken, wobei ein kleiner Schuß Bier nicht schaden kann.

Ein absoluter Klassiker ist der angemachte Käse, der so aussieht, wie er heißt, aber vortrefflich schmeckt. Würzig und gehaltvoll muß er sein, „Light"-Variationen haben hier nichts verloren. Und man ißt ihn auf einem guten Bauernbrot oder kann ihn auch einfach mit einer Brezn „stippen", was dem Bayern zwar verbal ein Graus ist, ihm aber ansonsten genausogut schmeckt wie dem „Preiß".

Pfeffer

Leberknödlsuppe

Zutaten für 6 Personen:

- 6–8 Semmeln vom Vortag
- ⅛ Liter Milch
- ½ Zwiebel
- Salz, Pfeffer
- 1 EL Majoran
- 2 Eier
- 1–2 EL Mehl
- 250 g Kalbs- oder Rindsleber
- 1½ Liter Fleischbrühe
- Schnittlauch

Die Semmeln in feine Scheiben schneiden und mit der warmen Milch übergießen, dazu die geschälte und feingehackte Zwiebel, Salz, Pfeffer, Majoran, die Eier und das Mehl geben, gut durchrühren und ziehen lassen. Die Leber mit dem Messer fein schaben, dazugeben und alles gut durchmischen. Mit nassen Händen gleichmäßig große Knödel formen, die dann in der Fleischbrühe 15 Minuten leicht kochen. Vor dem Servieren mit reichlich Schnittlauch bestreuen.

Eine gute Suppe gilt in München seit jeher viel, Urnahrung quasi, und selbst, was die allerkleinsten Bayern aus der Flasche bekommen, nennt man schon „d'Suppn". Nicht wegzudenken ist die Leberknödlsuppe, nicht nur als Vorgericht, sondern immer, überhaupt und sowieso: kräftigende Unterlage für Vergnügungen aller Art.

Saures Lüngerl mit Semmelknödel

Zutaten für 6–8 Personen:

1 kg Kalbslunge
1 Zwiebel
2 Nelken
2 Lorbeerblätter
4 Wacholderbeeren
1 Tasse Essig
3 EL Mehl
50 g Butter
2 TL Zucker
½ Becher Sauerrahm (100 g)
Salz, Pfeffer

Für die Semmelknödel:

6–8 Semmeln vom Vortag
¼ Liter Milch
1 EL Butter
Zitronenschale
½ Zwiebel
Petersilie
2 Eier
Salz
1 EL Mehl

Die Lunge waschen, in Salzwasser mit Zwiebel, Nelken, Lorbeerblättern, Wacholderbeeren und Essig etwa 40 Minuten weich kochen. Die Lunge in feine Streifchen schneiden, mit dem Sud bedecken und ein bis zwei Tage zugedeckt an einem kühlen Ort beizen. Dann abgießen und den Sud aufheben. Mehl in Butter leicht gelb anschwitzen, Zucker hinzufügen und, bevor die Einbrenne braun wird, soviel Sud unter ständigem Rühren aufgießen, bis eine sämige Sauce entsteht. Die Lunge dazugeben, den Sauerrahm angießen und alles noch einmal etwa 15 Minuten kochen lassen. Mit Salz und Pfeffer und je nach Geschmack mit etwas Essig süßsauer abschmecken.

Für die Knödel die Semmeln fein aufschneiden, mit warmer Milch übergießen und zugedeckt durchziehen lassen. Dann etwas abgeriebene Zitronenschale, geschälte und gehackte Zwiebel und feingehackte Petersilie in etwas Butter schmoren und zu den Semmeln geben, Eier, Salz und Mehl zufügen und alles locker vermengen, aber nicht kneten. Mit nassen Händen gleichmäßig große Knödel formen, in Salzwasser etwa 10 Minuten lang mehr ziehen lassen als kochen, bis sie oben schwimmen.

Lüngerl und Semmelknödel werden traditionell miteinander in einer Schüssel serviert.

Das Voressen war früher fester Bestandteil jeder anständigen Münchner Mahlzeit – ein Appetitanreger, ein „Magendratzerl“: Kutteln, Herz, Bries, Leber – oder eben auch Lunge: pikant zubereitet und gerade so gehaltvoll, daß man sie auch jederzeit zwischendurch zur Beruhigung von Körper und Nerven einnehmen kann.

Tellersulz

Zutaten für 4 Personen:

- 4 Schweinefüße
- ⅛ Liter Essig
- 1 Glas Weißwein
- 1 Zwiebel
- 1 Stück Knollensellerie
- 1 gelbe Rübe (Karotte)
- Salz
- 2 Lorbeerblätter, 2 Nelken
- 4 Pfefferkörner
- etwas Zitronenschale
- 750 g Schweinefleisch
- 1 Eiweiß

Die Schweinefüße läßt man sich vom Metzger in kleine Stücke hacken, wäscht sie und setzt sie mit 2 Liter Wasser auf. Nach dem Aufkochen den Schaum mehrmals abschöpfen, Essig, Wein, Zwiebel, Sellerie, gelbe Rübe, Salz, Gewürze, etwas abgeriebene Zitronenschale und schließlich das Schweinefleisch dazugeben und alles etwa 2 Stunden nur ganz leise kochen lassen, weil die Sulz sonst trüb wird. Dann das Fleisch von den Schweinefüßen lösen und, wie das andere Schweinefleisch auch, in mundgerechte Stücke schneiden und in tiefe Teller oder Schüsselchen verteilen. Die Brühe auf die Hälfte der ursprünglichen Menge einkochen, erkalten lassen, entfetten, nochmals aufkochen und ein verschlagenes Eiweiß hineinrühren. Abschmecken, durch ein Sieb über das Fleisch in die Teller gießen und alles kalt stellen, bis die Brühe geliert ist. Dazu kann es Röstkartoffeln geben, aber auch einfach ein Stück Bauernbrot und eine Essiggurke.

Eines der delikaten Brotzeitgerichte, die man vor allem unter weißblauem Himmel an warmen Tagen schätzt. Erfunden zu Zeiten, als man an einem gut gefütterten Schwein noch jedes Stück bis hinab zu den Schweinsfüßen zu schätzen wußte – heute lächelt der Metzger meist gerührt, wenn man nach Schweinsfüßen fragt, und man zahlt dann in der Regel gerade mal eine Mark dafür.

Schweinswürstl mit Sauerkraut

Zutaten für 4 Personen:

- 1 Zwiebel
- 50 g Schweineschmalz
- 1 kg frisches Sauerkraut
- ca. ½ Liter Wasser
- ½ TL Kümmel
- 4–5 Wacholderbeeren
- Salz
- 1 EL Zucker
- 1 Kartoffel
- 8 Paar Schweinswürstl

Die Zwiebel schälen, fein schneiden und im Schweineschmalz glasig dünsten, Sauerkraut, Wasser, die Gewürze, Salz und Zucker zugeben und alles eine Stunde bei milder Hitze schmoren lassen. Dann die geschälte und roh geriebene Kartoffel zugeben und das Kraut nochmal 10 Minuten leicht kochen lassen.

Die Schweinswürstl auf dem Grillrost oder in einer Pfanne unter Zugabe von wenig Fett rundherum schön braun braten, doch nicht bei allzugroßer Hitze, damit die Würstl nicht aufplatzen.

Dazu gehören selbstverständlich ein anständiger mittelscharfer Senf und eine Brezn oder ein Stück gutes Bauernbrot.

Den Schweinswürstlesser erkennt man schon von weitem am Körperprofil: der Oberkörper ist nach vorne leicht abgeknickt, damit beim Abbeißen der Würstlsaft, den Genußfeinde auch als „Fett“ bezeichnen, nicht aufs Hemd oder auf die Schuhe tropft, sondern genau dahin, wo er hingehört, ins Sauerkraut. Die besten Schweinswürstl kommen natürlich vom Grill, zur Not kann man sie aber auch in der Pfanne braten.

Rahmschwammerln mit Semmelknödel

2 Zwiebeln
100 g Speck
500 g Pilze
(Steinpilze, Pfifferlinge, bayerisch Reherl
genannt, Birkenpilze, Maurachen, zu deutsch
Morcheln, oder einfach auch gemischt)
Salz, Pfeffer
etwas Mehl
2 Eßlöffel saure Sahne
Petersilie

Zwiebel grob hacken und zusammen mit dem gewürfelten Speck hellbraun braten. Die geschnittenen Pilze hinzugeben, salzen und pfeffern und rund 15 Minuten zugedeckt schmoren lassen. Etwas Mehl mit der sauren Sahne verrühren und unter die Pilze rühren. Kurz aufkochen und mit viel Petersilie bestreuen. Dazu Semmelknödel reichen (Rezept siehe Seite 58).

Die Bayern verfügen über ein reichhaltiges Arsenal von kernigen Sprüchen. Einer davon heißt: „S'beste Gmüas is's Fleisch.“ Und wenn in einem Kochbuch über die bayerische Küche zu lesen ist, daß Schwammerln (so nennt der Bayer die Pilze) eher für den Hausgebrauch sind, so fordert das Widerspruch heraus. Denn erstens zieht es immer noch ganze Scharen in die bayerischen Wälder zum Schwammerlsuchen, und zweitens führen auch zwei- und dreisternige Restaurants im Freistaat Schwammerln mit Knödeln auf der Karte, wenn gerade Saison ist. Und da das Oktoberfest mitten in der Saison liegt, darf dieses schmackhafte Gericht auch auf der Wiesn nicht fehlen.

Steckerlfisch

Zutaten für 1 Person:

- 1 grüner Hering oder 1 Makrele pro Person
- Zitronensaft
- Salz
- Mehl zum Wenden
- Öl
- zerlassene Butter
- Pfeffer

Die Fische säubern, eventuell schuppen, gründlich waschen und abtrocknen. Innen und außen mit etwas Zitronensaft einreiben und 10 Minuten ziehen lassen. Dann die Fische innen leicht mit Salz einreiben und in Mehl wenden, damit die Haut nachher schön resch wird. Den Grill vorheizen, den Rost mit Öl und die Fische mit zerlassener Butter bepinseln. Die Fische je nach Größe von jeder Seite 5–8 Minuten grillen, am besten an einem Spieß oder Stock. Zuletzt von außen salzen und pfeffern.

Früher waren es Heringe, heute sind es meist Makrelen, die am Stock gegrillt werden und dabei einen derart unvergleichlichen Duft verströmen, daß auch der Fünfundfünfzigste in der Warteschlange noch geduldig ausharrt. Den Steckerlfisch kann man sich zur Not auch zu Hause unterm Backofengrill bereiten, besser schmeckt er aber auf dem traditionellen Haselnußsteckerl aufgespießt und über offenem Feuer gebraten.

Das Wiesnhendl

Zutaten für 2 Personen:
1 Hendl
Salz
Pfeffer
1 Petersiliensträußchen
100 g Butter

Das fertig gerupfte und ausgenommene Hendl wird gewaschen, gut abgetrocknet und außen mit Salz, innen mit Salz und Pfeffer eingerieben. Das Petersiliensträußchen steckt man ins Hendl hinein und heizt den Backofen auf 240 °C vor. Dann kommt das Hendl auf dem Rost über die Saftpfanne ins Bratrohr, wird öfters mit Wasser begossen und mit Butter bepinselt und je nach Größe etwa eine Stunde gebraten, bis es knusprig braun ist.
Nach Wiesn-Art gibt's dazu eine frische Brezn, daheim aber auch einen Kartoffelsalat oder verschiedene Salate je nach Jahreszeit.

Das knusprig braune Hendl ist zu einem Wahrzeichen der Wiesn geworden, Leibspeise von Erwachsenen und Kindern, schon mal deshalb, weil es zünftig mit der Hand gegessen wird und man sich nachher einfach alle zehn Finger abschleckt. Das Wichtigste dran: natürlich die resche, würzige, schön gebräunte Haut.

TIP: Eine nicht ganz stilechte, aber äußerst delikate Beilage zum knusprig braunen Hendl sind mit Mozarella belegte und im Ofen mitgebackene Tomaten. Mit frischem Basilikum bestreut, schmecken sie nochmal so gut.

Ochsenbraten mit Kartoffelsalat

Zutaten für 8 Personen:
2 kg Schlegel oder Rose (Nuß)
vom Mastochsen
Salz, Pfeffer
50 g Fett
2 Zwiebeln
2 gelbe Rüben (Karotten)
1 Stange Porree (Lauch)
50 g Speck (nach Belieben)
¼ Liter heiße Brühe
etwas Zitronensaft
Für den Kartoffelsalat:
750 g kleine Kartoffeln (Sieglinde)
2 Zwiebeln
4–5 EL Essig
8 EL Öl
Salz, Pfeffer
¼ Liter heiße Fleischbrühe
Schnittlauch

Das Fleisch waschen, abtrocknen und mit Salz und Pfeffer einreiben. Das Fett in einer Reine (Schmortopf) erhitzen und das Fleisch darin von allen Seiten gut braun anbraten. Das geputzte und kleingeschnittene Gemüse und den Speck zugeben und mitbräunen, dann seitlich vorsichtig nur so viel von der heißen Fleischbrühe zugeben, daß der Boden der Reine gerade bedeckt ist, dann den Zitronensaft zugießen. Der Braten kommt jetzt in den auf 180 °C vorgeheizten Ofen und sollte dort gut 3 Stunden garen. Damit er nicht austrocknet, zwischendurch immer wieder mit wenig Brühe oder Wasser übergießen.
Für den Kartoffelsalat die Kartoffeln kochen, noch warm schälen und in Scheiben schneiden. Die geschälten und kleingehackten Zwiebeln, Essig, Öl, Salz, Pfeffer und die heiße Fleischbrühe dazugeben und gut durchmischen. Dabei muß man nicht zimperlich sein, weil der Kartoffelsalat nach Münchner Sitte sowieso eher „bazig" sein soll, die Kartoffeln dürfen beim Durchmischen also ruhig zerfallen. Den Salat mit Schnittlauch bestreuen und unbedingt noch lauwarm zum Ochsenbraten auftragen.

Der Ochsenbraten ist geradezu eine Institution und kommt auf der Wiesn traditionell vom Spieß, was natürlich ein ganz anderes „Fleischerl" ergibt, als es der zu Hause geschmorte Ochsenbraten sein kann. Auf jeden Fall sollte man hier nicht geizen, bei mehreren Gästen muß es schon ein ordentlich großes Stück von einem guten Mastochsen sein – und auch der Kartoffelsalat schmeckt desto besser, je mehr man davon zubereitet.

Schweinshaxn, gebraten oder gegrillt

Zutaten für 4 Personen:

- 2 hintere Schweinshaxn
- Salz, Pfeffer
- 40 g Fett
- 1 Zwiebel

Das Allerwichtigste: Der Metzger muß die Haut der Schweinshaxn würfelförmig einschneiden.

Zu Hause werden die Haxn dann gewaschen und gut mit Salz und Pfeffer eingerieben. Zusammen mit einer halbierten ungeschälten Zwiebel, dem Fett und etwas Wasser in eine Reine (Schmortopf) – möglichst aus Gußeisen – geben und im Ofen bei 200 °C etwa 2–2½ Stunden braten. Haxn häufig wenden und immer wieder mit Bratensaft begießen.

Ganz zum Schluß legt man die Haxn auf den Rost, stellt den Grill an und läßt die Haut von allen Seiten noch knusprig werden – die Schwarte muß beim Hineinbeißen krachen!

Dazu essen Puritaner nichts als ein Stück Brot, aber man serviert dazu auch Sauerkraut, sowie Kartoffel- oder Semmelknödel und Salate.

Beachtlich ist der Schweinshaxn-Tourismus in München! Vor allem Italiener führt häufig schon der erste Weg in eine der bewährten Traditionsstätten, wo man die Haxe sachkundig so zubereitet, daß „die Schwarte kracht", wogegen das Fleisch saftig und wie durch ein Wunder durch das lange Braten fast fettfrei geworden ist.

Schweinsbraten mit Knödel

Zutaten für 4–6 Personen:

1½ kg Schweinefleisch vom Schlegel

Salz, Pfeffer

Knoblauch

Für die Füllung:

½ Stange Porree (Lauch)

1 gelbe Rübe (Karotte)

Sellerieblätter, Petersilie

½ Zwiebel

Paprikapulver

Fleischfaden zum Zusammenbinden

Für die Kartoffelknödel:

1 kg rohe Kartoffeln

heißes Wasser

2 altbackene Semmeln

375 g gekochte Kartoffeln

1 Ei

Salz, Pfeffer

Man braucht ein flaches Stück vom Schweineschlegel, das rundum gesalzen und gepfeffert und mit etwas gepreßtem Knoblauch eingerieben wird.

Für die Füllung Porree, gelbe Rübe, Sellerieblätter und Petersilie putzen und fein hacken, Zwiebel schälen und klein würfeln. Alles vermischen, mit wenig Paprika würzen und auf dem Fleisch verteilen und andrücken. Den Braten aufrollen, fest zusammenschnüren und im vorgeheizten Backofen bei 180 °C auf dem Rost über der Saftpfanne 2½–3 Stunden braten. Dabei öfters mit dem Bratensaft bestreichen.

Für die Kartoffelknödel die rohen Kartoffeln schälen, in eine Schüssel mit wenig Wasser reiben und anschließend auspressen. Mit den in kleine Stücke geschnittenen Semmeln vermischen und vorsichtig mit etwas heißem Wasser übergießen. Die gekochten Kartoffeln durchpressen, zugeben und den Teig dann mit dem Ei, Salz und etwas Pfeffer gut durchkneten. Mit feuchten Händen Knödel formen und in kochendes, leicht gesalzenes Wasser geben. Bei geschlossenem Deckel zum Kochen bringen und dann bei halb geöffnetem Deckel 20–30 Minuten leise kochen lassen, bis die Knödel an der Oberfläche schwimmen.

Den schweinernen Rollbraten hat man dereinst daheim vorbereitet und ihn dann auf der Wiesn am Spieß braten lassen. Was dem Überbringer die Möglichkeit gab, einstweilen die eine oder andere Maß Wiesn-Bier zu genießen. (Fast) genauso gut kann man den Wiesn-Braten aber auch zu Hause im Rohr braten.

Tafelspitz

Zutaten für 4 Personen:
einige Rinderknochen
1 Bund Suppengrün
1 Zwiebel
Salz
4 gelbe Rüben (Karotten)
4 Petersilienwurzeln
1 Porreestange (Lauch)
ca. 1½ kg Tafelspitz
Liebstöckel (nach Geschmack)
frischer Meerrettich

Knochen waschen, Suppengrün waschen und kleinschneiden, Zwiebel ungeschält halbieren und alles mit 3 Liter kaltem Wasser und Salz aufsetzen. Die gelben Rüben und Petersilienwurzeln schälen, den Porree putzen und in 4 Stücke schneiden, den Tafelspitz waschen und abtrocknen. Fleisch und Gemüse in die kochende Brühe geben, nach Geschmack mit ein paar Liebstöckelblättern verfeinern, dann die Hitze sofort reduzieren und alles etwa 2½ Stunden bei leiser Hitze ziehen lassen. Das Fleisch in Scheiben schneiden, mit ein wenig Brühe übergießen und zusammen mit dem Gemüse und frisch geriebenem Kren (Meerrettich) servieren.

Die Bezeichnung für das hinterste Rückenstück vom Rind ist natürlich aus Österreich importiert, aber in München längst eingebürgert. Die vornehmere Variante des Tellerfleisches, mit Wurzelwerk sanft gesotten, erfreut sich bei Wiesn-Gourmets größter Beliebtheit.

Bayerische Ente

Zutaten für 2 Personen:

Für die Ente:

- 1 Ente
- Salz, Pfeffer
- warmes Wasser
- etwas Bier

Für das Blaukraut:

- 500 g Blaukraut (Rotkohl)
- 1 EL Fett (Schmalz)
- Zucker
- 1 Apfel
- 2 Gewürznelken
- ½ Zwiebel
- 2 EL Essig
- ca. ¼ Liter Brühe
- Salz, Pfeffer
- ½ EL Mehl
- 1 Glas Rotwein

Die Ente waschen, trocknen und innen und außen mit Salz und Pfeffer einreiben und eine Weile kalt stellen. Den Ofen auf 200 °C vorheizen, die Ente kommt dann auf den Rost über die Saftpfanne oder in eine Reine (Schmortopf). In die Reine oder die Saftpfanne etwas warmes Wasser gießen und die Ente – wenn sie jung ist – 1½ Stunden braten, dabei mit dem Bratensaft begießen, wenden und in den letzten 10 Minuten von allen Seiten mit etwas Bier bestreichen.
Das Blaukraut von den Strünken befreien und hobeln. Im Fett (Puristen nehmen Schmalz!) den Zucker leicht bräunen, den geschälten, feingeschnittenen Apfel zugeben und die mit den Nelken besteckte Zwiebel. Kurz andünsten, dann kommt das Blaukraut dazu und wird sofort mit dem Essig übergossen, damit es die Farbe nicht verliert. Nur soviel Brühe wie notwendig zugießen, salzen, pfeffern und zugedeckt in einer guten ¾ Stunde weich dämpfen. Mit etwas Mehl bestreuen, den Rotwein zugießen, abschmecken und die Zwiebel entfernen.

Es gibt Leute, die behaupten, daß die Enten zur Wiesn-Zeit am besten schmecken; sie sind noch jung und nicht zu fett, also gerade richtig beinander. Für – wie man sagt – gscheite Esser rechnet man jetzt eine halbe Ente pro Kopf, und weil es schon Herbst wird, kann man auch das Blaukraut dazu vertragen, das andernorts Rotkohl heißt.

BIERE aus DEUTSCH

Spanferkel mit Krautsalat

Zutaten für 4–6 Personen:
1–1½ kg Spanferkel
Salz, Pfeffer
50 g Butter
¼ Liter Bier
Für den Krautsalat:
1 kleiner Kopf Weißkraut
50 g durchwachsener Speck
3–4 EL Essig
2 EL Öl
Salz, Zucker

Das Spanferkel waschen, abtrocknen, die Schwarte kreuzweise einschneiden und das Fleisch gut mit Salz und Pfeffer einreiben. Mit etwas zerlassener Butter beträufeln und im vorgeheizten Ofen bei 200 °C braten, am besten auf dem Rost über der Saftpfanne, in die man etwas Wasser füllt. Das Fleisch mindestens einmal wenden und regelmäßig mit Bier, Butter und Bratensaft bestreichen. Nach einer guten Stunde müßte das Spanferkel gar und knusprig sein und wird dann stilecht mit Krautsalat serviert: Dazu das Weißkraut halbieren, äußere Blätter und Strünke entfernen und ganz fein hobeln. Das Kraut kurz in Salzwasser aufkochen lassen und abgießen. Den Speck in winzige Würfelchen schneiden, in der Pfanne kroß braten und zusammen mit Essig, Öl, Salz und einer Prise Zucker zum Kraut geben und alles gut durchmischen.

Spanferkel, andernorts auch Milchferkel, nennt man das bis zu fünf Wochen alte, noch saugende Ferkel. Die Silbe „Span“ leitet sich anders lautenden Legenden zum Trotz von dem mittelhochdeutschen Wort „spen“ ab, was nichts anderes als Zitze bedeutet.
Die „Spanferkel“, die man heutzutage beim Metzger bekommt, sind aber in der Regel 10–15 Wochen alt und der Mutterbrust längst entwöhnt.

Dampfnudeln

Zutaten für 4–6 Personen:
Für den Teig:
500 g Mehl
ca. ¼ Liter Milch
25 g Hefe
3 EL Zucker
1 Ei (Gewkl.2)
½ TL Salz
50 g Butter
Zum Garen:
50–60 g Butter oder Butterschmalz
ca. ¼ Liter Milch
1 EL Zucker
1 Prise Salz

Das Mehl in eine Schüssel schütten und in die Mitte eine Vertiefung drücken. Darin etwa ⅛ Liter lauwarme Milch mit der zerbröselten Hefe, etwas Zucker und wenig Mehl verrühren. Zugedeckt geht dieses sogenannte „Dampferl" an einem warmen Ort, bis es die doppelte Größe erreicht hat. Die Butter zerlassen und zusammen mit Ei, Salz und Zucker zugeben. Den Teig so lange kräftig schlagen, bis er sich vom Schüsselboden löst. Etwa ½ Stunde gehen lassen, mit bemehlten Händen Dampfnudeln etwa in Eigröße formen, die dann nochmal zur doppelten Größe aufgehen müssen. In einem breiten Topf mit schwerem Boden und gut schließendem Deckel Butter oder Butterschmalz zerlassen, Milch (2–3 cm hoch), Zucker und Salz zugeben, die Nudeln hineinsetzen, Deckel auflegen und alles bei Mittelhitze (Automatikplatte Stufe 7) zum Kochen bringen. 30 Minuten zunächst bei mäßiger, dann bei schwacher Hitze kochen lassen; wenn die Dampfnudeln im Topf zu „krachen" beginnen, Herdplatte auf niedrigste Stufe herunterschalten oder Dampfnudeln beiseite stellen und noch 5 Minuten ziehen lassen. Während der gesamten Garzeit darf der Topfdeckel keinesfalls geöffnet werden, weil die Dampfnudeln sonst zusammenfallen. Erst nach der angegebenen Garzeit öffnet man vorsichtig, hebt die Dampfnudeln, die unten hoffentlich eine schöne goldene Kruste haben, heraus und genießt sie mit einer zuvor bereiteten Vanillesauce.

Diese urbayerische Mehlspeise steht ganz oben auf der Hitliste von Ehe- und Söhnemännern, bei Hausfrauen ist sie weniger beliebt, weil die Dampfnudeln im Topf eine widerstandsfähige Kruste hinterlassen und zudem ein ganz spezielles „Dampfnudelfingerspitzengefühl" verlangen, das die eine Hausfrau hat, die andere… So müssen Tausende ihren Dampfnudelappetit halt auf der Wiesn und bei anderen traditionellen Verzehranlässen stillen.

Apfelkücherl

Zutaten für 4–6 Personen:	
200 g Mehl	
1 Prise Salz	
¼ Liter Bier (vorzugsweise dunkles)	
2 TL Öl	
2 Eier, getrennt	
4 große säuerliche Äpfel	
3 EL Zucker	
2 EL Rum	
Butterschmalz	

Aus Mehl, Salz, Bier, Öl und Eigelb einen glatten Teig rühren, zuletzt den steif geschlagenen Eischnee unterrühren. Die Äpfel schälen, vom Kernhaus befreien und in zentimeterdicke Ringe schneiden. Mit Zucker bestreuen, mit Rum beträufeln und kurz ziehen lassen. Die Apfelringe dann im Backteig wenden, schwimmend in Butterschmalz ausbacken, auf Küchenpapier abtropfen und unbedingt heiß, mit Zucker bestreut servieren.

Zu einem Haferl Kaffee nimmt man den Nachtisch vom Wiesn-Menü. Der soll süß sein, aber so zuckerig auch wieder nicht, daß danach nicht noch ein Bier schmeckt. Gerade recht kommen da die Apfelkücherl, wenn sie in den klassischen Ausbackteig gehüllt sind, der statt Milch, wie kann es anders sein, ein gutes Glas Bier enthält.

Kaiserschmarrn

Zutaten für 4 Personen:

- 80 g Rosinen
- 300 g Mehl
- ½ Liter Milch
- 5–6 Eier, getrennt
- Salz
- etwas Rum
- Butterschmalz
- Puderzucker

Die Rosinen mit heißem Wasser überbrühen und abtropfen lassen. Aus Mehl, Milch, Eigelb und 1 Messerspitze Salz einen glatten Pfannkuchenteig rühren und etwas quellen lassen. Eiweiß steif schlagen. Dann die Rosinen unterrühren, 1 Spritzer Rum zugeben und danach den steifen Eischnee unterheben. Das Butterschmalz in einer Pfanne erhitzen, eine dünne Schicht Teig in die Pfanne geben, die Hitze reduzieren, den Teig etwas anbacken lassen und dann in 3–4 Portionen den restlichen Teig jeweils in dünnen Schichten aufgießen. Auf beiden Seiten bei mäßiger Hitze goldgelb backen, mit Pfannenmessern in kleine Stücke zerteilen, die man unter häufigem Wenden fertig bäckt. Mit Puderzucker bestreuen und mit Kompott oder Apfelmus servieren.

Einen bayerischen Kaiser gab es bekanntlich nicht, die noble Variante des Mehlschmarrns stammt also aus Österreich, wird in München aber ohne Ansehen der Nationalität zu allen passenden Anlässen verspeist.

Hacker-Pschorr Himmel der Bayern

„Bald sind's 200 Jahr'"

Die Geschichte der Wiesn im Überblick

1810: Ausgerechnet ein bürgerlicher Lohnkutscher, der Dienst in der bayerischen Nationalgarde tat, kam auf die Idee, zur Hochzeit von Ludwig von Bayern mit Prinzessin Therese von Sachsen-Hildburghausen ein großes Pferderennen zu veranstalten. Und König Max I. Joseph von Bayern, der Vater des stolzen Bräutigams, war begeistert. So steigt am 17. Oktober 1810 das legendäre Pferderennen auf der Theresienwiese. Die Münchner nehmen das gern zum Anlaß, gleich so eine Art Volksfest zu feiern: Das Oktoberfest ist geboren.

1811: Schon ein Jahr nach der „Geburt" des Oktoberfestes wird im Herbst 1811 das Fest wiederholt, um die schönsten Rösser und Ochsen Bayerns zu prämieren, natürlich in entsprechendem Rahmen. Veranstalter und damit eigentlicher Begründer der Oktoberfest-Tradition ist der landwirtschaftliche Verein.

1819: Man hatte sich schon an das Oktoberfest gewöhnt und wollte es auch alljährlich so beibehalten. So nehmen sich die Münchner Stadtväter der Sache an und beschließen, inskünftig jedes Jahr das Oktoberfest zu feiern.

1850: König Ludwig I. hatte sie in Auftrag gegeben: Münchens berühmteste Dame, die Bavaria. 1850 wird die Bavaria enthüllt und ein Teil der Ruhmeshalle eingeweiht. Ein echter Grund, das dieshährige Oktoberfest nochmal so toll zu feiern, Gott sei Dank!

1881: Ein erster Superlativ: Auf dem Oktoberfest 1881 eröffnet Josef Ammer die erste Hühnerbraterei der Welt. Das war quasi die Geburtsstunde des Wiesnhendls. Die Hühnerbraterei hat heute über 600 Sitzplätze. Und ihren Spitzenplatz als Wiesn-Renner haben die Hendl bis heute nicht abgegeben.

1869: „Auf geht's beim Schichtl!" 1869 kommt die Unterhaltung auf die Wiesn. August Schichtl präsentiert sein „Illusionstheater Schichtl". Mit Zaubertricks und der Laterna Magica zieht er fortan sein Publikum in Bann. Später kommt auch noch die legendäre „Hinrichtung" mit der „Trick-Guillotine" dazu. Diese Attraktion wird zum Kassenschlager, Generationen weiden sich am schönen Gruseln – und bis heute sind noch keine echten Köpfe gefallen, ganz sicher!

1870: Der deutsch-französische Krieg ist der erste triftige Grund, das Oktoberfest ausfallen zu lassen.

1873: Eine Choleraepidemie sucht München heim, und deshalb beschließen die Stadtväter, das Oktoberfest abermals ausfallen zu lassen.

1874: Das war sein letzter Wiesn-Auftritt: Der Märchenkönig Ludwig II. der Bayern besucht zum letzten Mal das Königszelt und zieht sich danach auf seine Schlösser zurück.

1879: Der Steyrer Hans, eine Wiesn-Wirtslegende, zieht auf die Wiesn ein.

1880: Das elektrische Licht hält Einzug auf die Wiesn. Rund 400 Zelte und Buden werden elektrisch beleuchtet. Was für ein Schauspiel!

1892: Der Anfang vom Ende des „Keferlohers", der Schwanengesang auf den steinernen Maßkrug setzt ein: die erste Maß aus Glas auf der Wiesn. Die Begeisterung ist eher geteilt. Das gilt für alle entscheidenden Neuerungen auf der Wiesn – bis zum heutigen Tag.

1895: Eine Riesengaudi ist der erste Auftritt der Armbrustschützengilde in mittelalterlichen Gewändern beim Wiesn-Festzug. Auch das anschließende Preisschießen läuft ganz nach mittelalterlichen Ritualen ab.

1901: Die Gebrüder Heyer erhalten ein Diplom für „ganz entsetzliches Saufen". 10 Maß lautet der Rekord – pro Kopf, versteht sich. Respekt, meine Herren, Respekt!

1907: Man hatte schon immer Sinn fürs Ausgewogene: das Bürgerbräuzelt, die Spatenbräuhalle, das Hackerzelt und die Löwenbräuhalle werden auf der Wiesn eingeweiht. Und dazu das erste Mal ein Museum für Volkskrankheiten! Wohl bekomm's!

1910: 100 Jahre Wiesn! Für die Bayern Anlaß genug, den ersten Bierrekord aufzustellen, 12.000 Hektoliter fließen bei diesem Ereignis.

1914–1920 fällt das Oktoberfest wegen des 1. Weltkrieges und seiner Folgen aus.

1922: Was sind die Preise heutzutage ach so günstig. Zu Beginn der Inflation kostet die Maß am ersten Wiesn-Tag schon 50 Mark und ein Hendl gut und gerne 500 Mark!

1928: Erster Auftritt von Lorenzo Ternio, bürgerlich Lorenz Tresenreiter, der als „Vogel-Jakob" in die Wiesn-Geschichte eingehen wird.

1939–1948: Weltkrieg No. 2 und die nächste große Zwangspause in der Wiesn-Geschichte.

1949: Jetzt kommt die Welt wieder in Ordnung. Die erste Wiesn nach dem Krieg, und die Münchner können trotz harter Zeiten wieder genießen.

1950: Oberbürgermeister Thomas Wimmer ruft das erste Mal Punkt 12 Uhr mittags „O'zapft is!" zum Anstich des ersten Fasses Wiesn-Bier. Seitdem ist das Anzapfen für die Münchner OBs Pflicht und publikumswirksames Ritual.

1960: Ein großes Feuerwerk und ein Pferderennen krönen das 150jährige Wiesn-Jubiläum.

1980: Ein blutiges Attentat fordert 13 Tote und über 200 Verletzte. Diese unsinnige Bluttat heizt die Diskussion über Sicherheitsvorkehrungen bei Großveranstaltungen mächtig an.

1996: Ein Rekordjahr. Besucherströme ohne Ende. Politiker diskutieren über einen Zaun um die Wiesn. Aber ist die Wiesn dann noch ein Volksfest? Schau ma' mal.

Adressen für Reservierungen

Bezeichnung der Festhalle	**Festwirte mit Anschriften und Telefon- und Faxnummern**
Augustiner-Festhalle	Manfred Vollmer, Neuhauser Straße 27, 80331 München, Großgaststätte „Augustiner“, Telefon 0 89/2 31 83-2 66, Telefax 0 89/2 60 53 79
Hackerbräu-Festhalle	Anton und Christine Roiderer, Tölzer Straße 2, 82064 Straßlach, „Gasthof zum Wildpark“, Telefon 0 81 70/73 03, Telefax 0 81 70/73 85
Pschorrbräu-Festhalle (Bräurosl)	Willy und Georg Heide, Bahnhofstraße 51, 82152 Planegg, „Heide-Volm“, Telefon 0 89/8 57 20 29, Telefax 0 89/8 59 70 56
Löwenbräu-Festhalle	Ludwig Hagn, Unions-Bräu Haidhausen GmbH, Einsteinstraße 42, 81675 München, Telefon 0 89/47 76 77, Telefax 0 89/4 70 58 48
Paulaner Brauerei-Festhalle (Winzerer Fähndl)	Willi und Helga Kreitmair, Gasthof „Kreitmair“, 85630 Grasbrunn, Telefon 0 89/46 46 57, Telefax 0 89/4 60 37 68
Festhalle Schottenhamel	Festhalle Schottenhamel OHG, Uhlandstraße 3, 80336 München, Telefon 0 89/5 30 92 23, Telefax 0 89/53 11 99
Hofbräuhaus-Festhalle	Günter und Margot Steinberg, Innere Wiener Straße 19, 81667 München, Telefon 0 89/4 48 96 70, Telefax 0 89/4 48 35 87
Armbrustschützen-Festhalle	Peter Inselkammer, Sparkassenstraße 10–12, 80331 München, „Am Platzl Hotel“, Telefon 0 89/2 37 03-7 03, Telefax 0 89/2 37 03-7 05

Bezeichnung der Festhalle	**Festwirte mit Anschriften und Telefon- und Faxnummern**
Schützen-Festhalle	Eduard und Claudia Reinbold Perusastraße 5, 80333 München, Gaststätte „Franziskaner“, Telefon 0 89/23 18 12 24, Telefax 0 89/23 18 12 44
Spatenbräu-Festhalle (Ochsenbraterei)	Hermann und Anneliese Haberl Englischer Garten 3, 80538 München Telefon 0 89/34 84 18, Telefax 0 89/39 47 82
Fischer-Vroni	Karl Winter OHG, Konradinstraße 8, 81543 München Telefon 0 89/66 10 42, Telefax 0 89/65 25 34 (Mittwoch und Freitag Büro besetzt)
Hippodrom	Josef Krätz Hippodrom KG, Weinstraße 7 a, 80333 München Telefon 0 89/29 16 46 46/47, Telefax 0 89/29 54 42
Wein- und Sektzelt Nymphenburg KG Kollar & Co. (Zum Weinwirt)	Roland und Doris Kuffler Residenzstraße 12, 80333 München Telefon 0 89/2 90 70 50, Telefax 0 89/29 40 76
Käfer's Wiesnschänke	Feinkost Käfer GmbH, Prinzregentenstraße 73, 81675 München Telefon 0 89/41 68-3 56, Telefax 0 89/4 16 82 07

Allgemeine Auskünfte zur Wiesn erteilt auch das Fremdenverkehrsamt der Stadt München (80313 München, Telefon 0 89/2 33-03 00).

Die Rezepte alphabetisch

Soweit in den Rezepten nichts anderes angegeben ist, sind die Zutaten für vier Personen berechnet.

Bildquellen:

Maximilian Handschuh: 4, 8, 10–18, 19(o., u.), 23, 26, 28, 29, 32–34, 39 (u.), 41, 43, 46, 49 (o., u.), 54, 56, 60, 62, 68, 78, 82

Gregor Maria Schmid: 2, 20, 21, 24, 25, 30, 31, 35–37, 38, 39 o., 40, 44, 47, 48, 50–52, 67, 70, 74, 76, 80, 84, 86, 88, Umschlagrückseite

Pictor International Bildagentur: Umschlagvorderseite

Sigloch Edition, Bildarchiv: Hans Joachim Döbbelin 53, 57, 63, 65, 69, 71, 73, 75, 79, 81, 83, 85, 87, Umschlagrückseite; Roland Glättli 77; Bruno Hausch 55, 61

Stock Food: Viennas Lide/Richter 59

Lizenziert von der Landeshauptstadt München
OM-Oktoberfest München Merchandising, Film und Fernseh GmbH

Satz: Sigloch Edition, Künzelsau
Reproduktion: Lihs Satz und Repro, Ludwigsburg
Druck: Grafische Betriebe Eberl, Immenstadt
Papier: 135 g/m² nopaCoat matt chlorfrei der Nordland Papier AG, Dörpen
Bindearbeiten: Sigloch Buchbinderei, Künzelsau
ISBN 3-89393-152-X

Reihenweise kulinarische Köstlichkeiten

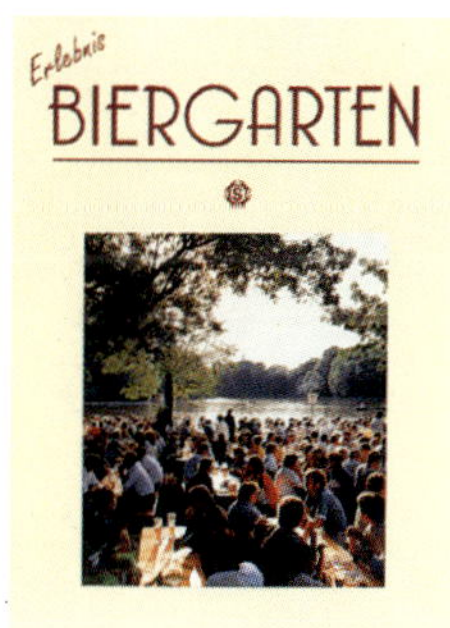

In gleicher Ausstattung sind weitere Titel lieferbar.